L'Institut nordique d'études africaines (NAI) est un centre de recherche, de documentation et d'information sur l'Afrique moderne dans les pays nordiques. Situé à Uppsala, Suède, le centre est destiné à fournir aux pays nordiques des éléments de recherche et d'analyse actuels, critiques et alternatifs sur l'Afrique; il se consacre également à consolider la coopération entre les chercheurs africains et nordiques. Étant un centre et lieu de réunion d'un champ de recherche et d'analyse croissant, l'institut s'évertue à rendre accessible des connaissances sur l'Afrique aux chercheurs, décideurs, médias, étudiants et le public. L'institut est financé par l'ensemble des pays nordiques (Danemark, Finlande, Islande, Norvège et Suède).

NAI Dialogue politique est une série de rapports brefs sur les politiques relatives à l'Afrique d'aujourd'hui. Destinés aux professionels travaillant dans le cadre des organisations humanitaires, ministères des affaires étrangères, ONGs et médias, ces rapports cherchent à guider le débat public et à susciter des idées dans le domaine des décisions politiques. Les auteurs sont des chercheurs ou universitaires engagés dans des problèmatiques africaines venant de plusieurs disciplines. La plupart sont liés à l'Institut nordique d'études africaines ou par une institution de ses réseaux de recherche. Les rapports sont approuvés au sein de l'organisation et revus extérieurement. Pour s'assurer de la réalité et de la pertinence des sujets de ces rapports, l'Institut nordique d'études africaines est heureux de recevoir des idées et suggestions des lecteurs et des décideurs en particulier. Nous vous prions d'envoyer un e-mail avec vos commentaires à Birgitta.Hellmark-Lindgren@nai.uu.se. Disponible en ligne et imprimé à la demande.

À propos des auteurs

Maria Eriksson Baaz est chercheur à l'Institut nordique d'études africaines (NAI), Uppsala [Suède] et à The Shool of Global Studies de l'Université de Göteborg [Suède]. Les centres d'intérêt de ses recherches sont la politique, la sécurité et le développement de l'Afrique, la théorie postcoloniale, et le genre. Récemment, elle s'est focalisée sur la masculinité, la militarisation et la réforme du secteur de la sécurité. Elle travaille actuellement sur un projet de recherche sur le genre et la réforme de la police (au NAI).

Elle est l'auteur de *The Paternalism of Partnership: A Postcolonial Reading of Identity in Development Aid (Zed Books, 2005)*, coéditeur de *Globaliseringens kulturer: Den postkoloniala paradoxen, rasismen och det mångkulturella samhället*. (1999/2002, Nya Doxa) et *Same and Other: Negotiating African Identity in Cultural Production* (2001, NAI). Elle a également contribué à plusieurs publications liées à la politique, telles que *Country Gender Profile: The Democratic Republic of Congo* (Asdi, 2009). En outre, ses articles sont apparus dans des revues majeures, y compris *International Journal of International Relations and Development, Journal of Modern African Studies* et *International Studies Quarterly*.

Maria Stern est maître de conférences en études sur la paix et le développement à The School of Global Studies, Université de Göteborg. Les centres d'intérêt de ses recherches sont la théorie féministe, la théorie des relations internationales, les études sur la sécurité et la sécurité et développement. Elle travaille actuellement à un projet de recherche financé par le Conseil suédois de la recherche (avec Joakim Berndtsson) sur la privatisation de la sécurité.

Elle est membre du comité directeur du Centre pour la mondialisation et le développement de Göteborg, Gothenburg Centre for Globalization and Development (GCGD), et elle est aussi coordinateur de thèmes de recherches : (Paix, Développement et Sécurité). Elle est coéditeur honoraire d'une édition spéciale de *Security-Development Nexus Revisited, Security Dialogue* (2010) et coéditeur honoraire des *Feminist Methodologies for International Relations* (Cambridge University Press, 2006) auteur de *Naming Security – Constructing Identity* (Manchester University Press, 2005), et (avec Malin Nystrand) de *Gender and Armed conflict* (Asdi, 2006). En outre, ses articles sont parus dans des revues majeures, y compris *Alternatives, Journal of Modern African Studies, International Journal of Peace Studies, International Studies Quarterly, Review of International Studies, Security Dialogue* et (à paraître) *Journal of International Relations and Development*.

LA COMPLEXITÉ DE LA VIOLENCE
ANALYSE CRITIQUE DES VIOLENCES SEXUELLES EN RÉPUBLIQUE DÉMOCRATIQUE DU CONGO (RDC)

par
Maria Eriksson Baaz et Maria Stern

NORDISKA AFRIKAINSTITUTET 2011

Publié en coopération avec l'Agence suédoise de coopération internationale au développement (Asdi), Stockholm, Suède.

Termes d'indexation
 Conflits
 Violences envers les femmes
 Sévices sexuels
 Victimes
 Délinquants
 Personnel militaire
 Forces armées
 Relations genre
 Statut de la femme
 Violations des droits de l'homme
 Viol
 Réconciliation
 République démocratique du Congo

Les opinions et interprétations exprimées dans ce rapport sont celles des auteurs et ne reflètent pas nécessairement celles de l'Institut nordique d'études africaines.

Reviseur de la langue : Järva Tolk/Christine Gervais;
  et Henrik Karlsson
Photo : Johan Borgstam, Ministère des Affaires étrangères, Suéde
Défilé militaire à Goma, le 30 juin, 2009
ISSN 1654-6709
ISBN 978-91-7106-680-0
© l'auteurs et Nordiska Afrikainstitutet 2011

Cette publication peut être téléchargée/commandée de www.nai.uu.se/publications

Table des matiéres

Remerciements 6
Avant-Propos 7
1. Introduction 9
   Méthodologie 11
   Une concentration unique sur les violences sexuelles car
   elles sont problématiques 15
   Les violences sexuelles sont-elles une arme de guerre? 17
2. Contexte historique et institutionnel des forces armées nationales 21
   Une armée de divisions et de chaînes de commandement parallèles 21
   Relations hostiles entre civils et militaires 29
3. Facteurs juridiques et sociaux 35
   Conditions sociales - pauvreté 35
   L'impunité 41
4. Sexualité, genre : Silences et échecs 48
   Idéologies du genre et inégalités de pouvoir 48
   Invisibilité des hommes et des garçons comme survivants
   de la violence 50
   Masculinité militarisée et sexualité 55
5. La commercialisation du viol 59
   Les accusations de viol en tant que stratégie
   de tractation/d'extorsion 60
   Les accusations de viol en tant que moyen d'accès aux services 61
6. Conclusions et recommandations 64
   Conclusions 64
   Recommandations 66
Références 70

Remerciements

Nous désirons remercier l'Agence suédoise de coopération internationale au développement (Asdi) d'avoir financé les projets de recherche sur lesquels se base ce rapport. Nous souhaitons également étendre notre gratitude au Ministère congolais de la Défense pour avoir facilité notre recherche. Nous sommes particulièrement reconnaissants aux soldats et officiers qui nous ont généreusement fait part de leurs expériences et de leurs opinions.

Nous désirons également exprimer notre reconnaissance à l'Office joint des droits de l'homme OH-CHR-MONUC de Goma pour nous avoir fourni le soutien logistique et autre pendant une visite de terrain à Rushuru, en octobre 2009.

Nous tenons à remercier Todd Howland, Mats Utas, Didier Gondola, Cristina Masters, Hans Abrahamsson, et un vérificateur anonyme qui nous a fourni des commentaires utiles et pertinents sur les versions préliminaires de ce rapport.

Nous sommes bien sûr les seuls responsables du contenu de ce rapport.

Maria Eriksson Baaz et *Maria Stern*

Avant-Propos

Les violences sexuelles constituent, à la base, une violation des droits de l'homme. Dans un travail orienté sur la réduction de la pauvreté et la sécurité des gens, il sera crucial de faire cesser ces violences. Les stratégies et les interventions ayant pour but de combattre les violences sexuelles dans leurs différentes formes, par exemple les violences domestiques, les violences résultant de pratiques traditionnelles et orientées sur les lesbiennes, gays, bisexuels et transsexuels (LGBT), ainsi que les viols, exigent une approche aussi bien holistique que spécifique au contexte.

La présente analyse des violences sexuelles en Afrique, en période de guerre et d'après conflit, consiste en une étude du cas de la République Démocratique du Congo (RDC). Nous explorons de manière critique et nous contestons de manière indiscutable les stéréotypes et les récits existants sur la nature des violences sexuelles dans les processus conflictuels. En identifiant les formes de la violence conflictuelle et en expliquant le rôle de divers facteurs complexes, elle attire l'attention sur le besoin d'une compréhension plus nuancée des violences sexuelles, y compris de leurs victimes invisibles. Elle fournit ainsi une base plus informée pour comprendre les circonstances complexes dans lesquelles les violences sexuelles sont commises. En outre, elle dépasse les explications unilatérales qui font la distinction entre les violences sexuelles et les autres formes de violences qui affligent les sociétés rongées par la guerre, et hantent les contextes d'après-guerre.

Le présent rapport, le premier de la série concernant les violences sexuelles, apporte des connaissances inédites originales sur les normes sexuelles, sur la violence et l'évolution de la sécurité dans la RDC après la guerre. Nous espérons qu'il sera d'une grande importance pour les divers stratèges internationaux, les activistes et les érudits qui portent un vif intérêt aux actions liées à l'égalité hommes femmes, à la violence et à la paix dans les situations d'après-guerre.

Susanne Wadstein
Chef de l'équipe pour l'égalité hommes femmes
Division de l'autonomisation de l'Asdi

Cyril Obi
Directeur de recherches, Chef du groupe de recherches sur le déplacement et la transformation des conflits
Institut nordique d'études africaines

1. Introduction

Les rapports concernant les conflits armés reposent invariablement sur un ou plusieurs scénarios de base qui donnent du sens au déroulement des évènements et aux rôles des acteurs. Ce type de récit attribue habituellement à l'un le rôle de victime et aux autres celui du bourreau. Le scénario le plus répandu de violence dans les reportages sur la guerre en République Démocratique du Congo RDC a été le viol.

Certes, la RDC a acquis une exécrable réputation dans le monde entier à cause des rapports sur l'échelle massive des violences sexuelles. Bien que d'autres formes de violences et d'abus aient également été commises à grande échelle, ce sont les violences sexuelles qui ont bénéficié de la plus grande attention internationale, en particulier parmi les observateurs étrangers. D'innombrables rapports, articles de journaux, coupures de presse, appels et documentaires ont été consacrés à cette question qui a été décrite comme la « monstruosité du siècle[1] », un « fémicide », « un modèle systématique de destruction de l'espèce féminine[2] », « incompréhensible[3] », « ce qu'il y a de pire au monde[4] », etc. Un grand nombre de journalistes, d'activistes et de représentants de diverses organisations et de gouvernements internationaux ont effectué des pèlerinages en RDC pour rencontrer et écouter les survivants de vive voix. Sans aucun doute, le « tourisme des violences sexuelles » a été ainsi ajouté à ce que l'on a appelé le « tourisme des zones de guerre ».

En guise de réponse aux manières dont les violences sexuelles[5] en RDC ont

---

1. http://www.li-reviews.com/20 08/03/21/press-release-greatest-silence/.
2. Eve Ensler dans un entretien avec Michele Kort, disponible sur http://www.pbs.org/pov/lumo/special_ensler.php.
3. Les églises soutiennent les victimes de viols en RDC, http://www.reliefweb.int/rw/rwb.nsf/d b900S1 D!VVOS-7UC PFp?Open Document.
4. Gettleman Jeffrey: Rape Epidemic Raises Trauma of Congo War http://www.nytimes. com/2007/10/07/world/africa/07congo.html?_r=1.
5. Nous nous abstenons, dans ce rapport, de toute analyse étendue des différentes significations et définitions des violences basées sur le genre (VBG) et les violences sexuelles . La définition des violences sexuelles et leur différentiation des autres violences sont une question très complexe. Comment peut-on établir dans quelle mesure la torture, l'exécution ou tout autre acte de violence sont liés au sexe de leur victime ? Un acte de torture au cours duquel son auteur a une érection peut-il être défini comme sexuel, etc. ? Nous soulignons toutefois que les définitions courantes des violences sexuelles et de violences basées sur le genre (VBG) posent des problèmes, en particulier puisque soit elles ne comprennent que les femmes

été décrites et conceptualisées, le présent rapport se propose d'*identifier et de réfléchir de manière critique sur les divers facteurs susceptibles de contribuer à ces violences*. Notre rapport ne s'embarquera pas dans une description des violences en citant les témoignages des survivantes, puisque cela a déjà été fait par un grand nombre d'autres rapports[6]. Il ne s'aventurera pas non plus dans la tâche impossible de tenter d'estimer le nombre réel de violations commises.

Si notre rapport se concentre sur la RDC, nous pensons qu'il est tout aussi pertinent pour la compréhension des violences sexuelles dans d'autres situations conflictuelles ou post-conflictuelles. Qui plus est, la grande attention consacrée aux violences sexuelles en RDC qui se reflètent dans les interventions de divers acteurs internationaux fait de la RDC un cas qui se prête particulièrement à en tirer des enseignements.

Notre rapport fait partie et ressort d'un projet de recherche financé par l'Agence suédoise de coopération internationale au développement (Asdi) sur le genre et la sexualité au sein des Forces Armées de la République Démocratique du Congo, FARDC. En conséquence, le rapport se concentre particulièrement sur les violences sexuelles commises par les forces nationales de sécurité récemment intégrées, qui sont responsables d'une grande partie des violences sexuelles commises depuis leur création initiale en 2003[7].

(comme la Convention des Nations Unies pour l'Élimination de Toutes les Formes de Discrimination contre les Femmes (CEDAW), ou excluent d'une autre manière les hommes en tant que victimes des violences sexuelles liées aux conflits. Une analyse satisfaisante est fournie par Lewis 2009. Voir également Stern et Zalewski 2009; et Eriksson Baaz & Stern, à paraître en 2010.

6. Voir Amnesty International 2008 ; Ertük 2008 ; Tosh & Chazan 2008 ; USA/D/DCHA 2004 ; Human Rights Watch 2002, 2009 ; Horwood 2007 ; Omayondo et al. 2005 ; Pole Institute 2004.
7. Il est impossible d'en estimer la proportion exacte. Cela est dû à plusieurs facteurs : le manque de rapports coordonnés, un grand nombre de cas ne sont jamais rapportés ; la difficulté pour les survivants de déterminer avec certitude l'identité des auteurs à cause de la circulation fréquente d'uniformes militaires parmi d'autres groupes, etc. Les chiffres reflétant les niveaux de violences sexuelles, y compris les antécédents des auteurs, sont très contradictoires dans le contexte de la RDC, varient énormément, même pour la même période et la même région géographique, et selon leurs sources. Les estimations varient entre 70 % et 24 % de 2006 à 2008. Les mêmes estimations suggèrent que la proportion commise par l'armée a augmenté en 2009' après l'intégration accélérée de l'ancien et d'autres groupes armés. Selon Human Rights Watch (décembre 2001), dans 350 des 527 cas de violence sexuelle documentés au Nord-Kivu pendant les opérations Kimia II de 2009, « la victime ou d'autres témoins ont clairement identifié les auteurs comme des soldats de l'armée ». Cependant, cette augmentation possible doit être consi-

La complexité de la violence

Ce rapport réfléchit sur divers facteurs qui semblent particulièrement saillants dans divers rapports (comme le viol en tant qu'arme de guerre, l'impunité, l'absence de salaires adéquats et versés à temps, et l'absence de formation). Il traite également d'autres facteurs qui n'ont généralement pas été évoqués dans les rapports concernant la RDC, mais qui se sont avérés importants dans notre recherche (comme les relations hostiles entre civils et militaires, les traumatismes et les conduites apprises des nombreux anciens enfants-soldats de l'armée et les normes de masculinité militarisée).

Nous avons structuré notre analyse de ces facteurs dans les chapitres séparés suivants : *2. Contexte historique et institutionnel des Forces Armées nationales.* Ce chapitre entreprend un examen historique et traite du défi présenté par le processus d'intégration militaire et des relations hostiles entre les civils et les militaires ; *3. Facteurs juridiques et sociaux.* Ici, notre analyse se concentre davantage sur la question de l'impunité et le rôle de la pauvreté et des conditions sociales ; *4. Sexualité, genre : Silences et échecs.* Ce quatrième chapitre comprend une analyse des conséquences de l'invisibilité des hommes et des garçons en tant que victimes/auteurs, ainsi que les idéaux liés à la masculinité militarisée et la sexualité ; *5. La commercialisation du viol.* Dans ce chapitre pénultième, nous soulignons certains inconvénients de la focalisation unique sur les violences sexuelles isolément et en dehors d'autres formes de violence et la manière dont les allégations de viol deviennent de plus en plus mêlées aux stratégies de survie ; et enfin : *6. Conclusions and recommandations.*

En résumé, ce rapport vise à contribuer à une meilleure compréhension des circonstances dans lesquelles les violences sexuelles se produisent. Il s'évertue par là à souligner la complexité des violences sexuelles et les problèmes inhérents aux explications unilatérales et à la focalisation sur les seules violences sexuelles, séparées d'autres formes de violence.

Méthodologie

Nous l'avons mentionné ci-dessus, le projet de recherche sur lequel se base ce rapport a été financé par l'Asdi. Ce projet a été réalisé sur plusieurs sites (Kinshasa, le Sud-Kivu, Kitona et le Nord-Kivu) et en phases variées de 2006 à

---

dérée comme une réflexion du fait que cette intégration a augmenté l'armée de terre de près de 12 000 soldats, réduisant par là le nombre de soldats des autres groupes armés. Dans le même temps, la commission provinciale de lutte contre les violences sexuelles du Nord-Kivu n'attribue que 24 % des cas à l'armée pendant les six premiers mois de 2009. Les civils sont identifiés comme les auteurs principaux dans 37 % des incidents rapportés, suivis des groupes de miliciens (29 %).

2009. Il se fonde principalement sur des entretiens réalisés avec 226 soldats et officiers. Le projet s'est concentré dans l'ensemble sur le genre dans les forces armées. Il traitait spécifiquement la question du genre et des violences sexuelles aussi bien que plusieurs autres questions qui y sont liées (telles que la situation des femmes-soldats et les attitudes envers elles) dans le but d'entendre la voix des soldats eux-mêmes. Ainsi ce projet comble un vide de la recherche en cours : peu d'attention a été consacrée à comprendre de quelle manière les soldats eux-mêmes expliquent les violations des droits de l'homme, y compris les violences sexuelles. Alors que leurs témoignages ne reflètent naturellement pas une vérité absolue sur la nature et les motivations de la violence, leurs expériences et leurs témoignages n'en apportent pas moins une lumière importante sur les contextes et les relations de pouvoir dans lesquels les violences sont commises. Une telle compréhension est certainement décisive pour tout effort fait pour atténuer et corriger l'apparition de ce type de violences.

Puisque la plupart des violences sexuelles et des violations des droits de l'homme par les personnels des armées sont commises dans les zones de conflit, nous choisissons de nous concentrer sur les soldats et officiers présentement ou récemment déployés sur les zones de « front » (environ 80 % des répondants). À l'exception de cette délimitation/sélection de base, notre intention était d'inclure les personnels militaires de grades, d'âges, de sexes et d'origines ethniques différents. Près de la moitié des entretiens ont été effectués avec des officiers et le reste avec de simples soldats, et environ 20 %, soldats et officiers, sont des femmes[8]. Une bonne moitié des répondants avait des antécédents dans les forces armées gouvernementales précédentes, les Forces Armées Congolaises (FAC)[9]. Le reste provenait de la multitude de groupes armés intégrés à l'armée de terre en différentes phases, en particulier du Mouvement pour la libération du Congo (MLC), Rassemblement Congolais pour la Démocratie (RCD), des Maï-Maï et du Congrès National pour la Défense sur Peuple (CNDP). Environ 20 % des soldats interrogés sont d'anciens enfants-soldats qui avaient soit été recrutés dans l'armée, soit dans les autres groupes armés, puis intégrés dans l'armée de terre. Un petit nombre d'entre eux étaient encore mineurs à la date des entretiens.

---

8. Les femmes sont présentes dans les forces armées de la RDC (Zaïre) depuis 1966. Selon les estimations du ministère de la défense, environ 2,6 % de l'armée sont des femmes. Voir l'ouvrage d'Eriksson Baaz & Stern à paraître en 2010 pour une analyse de la situation et des expériences de femmes soldats et officiers.
9. Les mêmes avaient rejoint les Forces Armées Zaïroises (FAZ) durant le règne de Mobutu, mais la plupart l'ont fait après que Laurent Kabila ait pris le pouvoir en 1997, lorsque les forces armées ont été rebaptisées Forces Armées Congolaises.

La plupart des entretiens ont été organisés par groupes semi-structurés (groupes de trois ou quatre personnes) comprenant des soldats/officiers de la même unité, de même grade et de même sexe[10]. Nous avons également effectué quelques entretiens individuels, mais les entretiens par groupes se sont révélés les plus fructueux[11]. Une majorité des entretiens ont été effectués par Maria Eriksson Baaz en langue national, le lingala (qui est aussi la langue générale de l'armée congolaise), sans interprète. Dans certaines régions des deux Kivu, dont les soldats n'étaient pas à l'aise en lingala, les entretiens ont été effectués avec l'aide d'un interprète en swahili.

Les entretiens semi-structurés traitaient de la manière dont les soldats eux-mêmes voyaient leur rôle dans les forces armées, ainsi que concernant les relations entre civils et militaires. La première partie des entretiens s'est concentrée sur ce que les répondants considéraient comme important pour être un bon soldat et réussir en tant que soldat, ainsi que ce que signifiait pour eux d'être un bon soldat ou de réussir en tant que soldat. La seconde partie s'est concentrée plus spécifiquement sur leur compréhension de la masculinité et de la féminité en liaison avec le fait d'être soldat, et s'est terminée par une discussion sur les violences sexuelles. Les soldats répondent à nos questions sur les violences sexuelles de manière générale et n'admettent jamais directement avoir commis ces violations (et nous ne jugeons pas non plus opportun de poser de questions directes sur leur implication). Quoi qu'il en soit, les manières dont la plupart d'entre eux parlent d'exemples spécifiques de viol indiquent qu'ils parlent d'expériences personnelles ou, tout au moins, proches d'eux[12].

Comme indiqué plus haut, le but d'ensemble du projet de recherche a été d'analyser le genre au sein des forces armées. En liaison avec la question des violences sexuelles, le but particulier était d'écouter la voix des soldats et d'explorer les manières dont ils parlent d'exemples de viols commis par les membres des forces armées. Le but de ce rapport est, par contraste, d'identifier et de considérer de manière critique le rôle de divers facteurs contribuant aux

---

10. Aux stades initiaux, nous avons tenté d'effectuer les mêmes entretiens individuels. Cependant, nous avons estimé que les répondants se sentaient très intimidés dans cette situation.

11. Les entretiens par groupes ont suivi la structure de l'armée de terre elle-même, et ils regroupaient des personnes du même grade qui, en outre, se connaissaient. Les sessions d'entretiens ont souvent tourné à la discussion ouverte et à des débats au sein du groupe lui-même.

12. Pour une analyse plus élaborée des méthodes utilisées, y compris des réflexions sur la manière dont la position du chercheur envers le répondant informe les entretiens, voir les ouvrages de Baaz & Stern de 2009 et d'Eriksson Baaz & Stern à paraître en 2010.

violences sexuelles. L'idéal serait de baser une estimation de ces facteurs sur un processus systématique de collecte de données visant à établir la corrélation entre les niveaux de violences sexuelles et les niveaux liés aux facteurs évoqués (comme le montant et la régularité des salaires, l'impunité/le taux de condamnations, etc.). Un effort d'entreprendre une analyse de ce type, spécialement liée à la question des salaires, a été fait à l'automne de 2009 au Nord-Kivu[13].

Cependant, il a été impossible de lier des cas particuliers des violences sexuelles à des unités militaires particulières, si ce n'est de désagréger les facteurs contribuant aux violences sexuelles pendant des périodes données. Cette difficulté doit être comprise sous le jour du mouvement constant et du mélange des unités militaires après l'accord de paix du début de 2009, le processus d'intégration accélérée qui a suivi, les opérations militaires Kimia II[14], ainsi que le problème des rapports lacunaires concernant les abus (de nombreux cas de violences sexuelles ne sont dénoncés que longtemps après les faits).

Pour cette raison, au lieu de se fonder sur une telle étude systématique, notre rapport considère essentiellement les divers facteurs en examinant nos entretiens avec les membres de l'armée, d'autres rapports basés sur les témoignages des survivants et les résultats de recherches, ainsi que par les enseignements tirés d'autres contextes. Puisque notre recherche a couvert une période longue et qu'elle a été menée en plusieurs sites différents au sein des forces armées congolaises, chacun différent en termes de solde, d'importance donnée aux enquêtes et aux condamnations pour viols et en niveau de formation, etc. nous avons été en mesure de réfléchir de manière critique sur le rôle joué par les divers facteurs.

Alors que ce rapport se base principalement sur le projet de recherche décrit ci-dessus, certaines parties, en particulier celles qui concernent la « commercialisation du viol », découlent d'un projet de recherche plus modeste sur « Des violences basées sur le genre : compréhension, changement et transformation des discours[15], également financé par l'Asdi. Ce dernier projet s'articule autour d'entretiens avec des organisations locales et nationales en RDC travaillant dans le domaine des droits des femmes, dans le but d'examiner comment leur compréhension des violences basées sur le genre (VBG) est liée

---

13. Cela a été effectué avec le soutien logistique du bureau conjoint sur les droits de l'homme de l'OHCHR-MONUC.
14. L'opération militaire contre les Forces Démocratiques de Libération du Rwanda (FDLR).
15. Ce projet inclut Mona Lilja.

à celle des acteurs internationaux dans ce même domaine. Dans le cadre de ce petit projet de recherche, des discussions ont eu lieu avec les représentants de sept organisations actives à Kinshasa et dans les régions orientales du pays.

Une concentration unique sur les violences sexuelles en tant que pratique problematique

L'un des problèmes évidents lors de la description des violences sexuelles en RDC est la représentation des violences sexuelles. Comme nous l'avons évoqué ailleurs[16], la plupart des rapports des médias présentent des images et des imaginations recyclées et renforcées de manière familière et coloniale de la violence. Rares sont les rapports qui ne font pas référence au livre de Joseph Conrad Au cœur des ténèbres. Les soldats et la milice (mâle) sont décrits comme des tueurs barbares, brutaux et vengeurs et des violeurs qui mutilent et mangent leurs victimes[17], ou simplement comme des animaux[18]. Puisque leurs crimes sont présentés comme incompréhensibles, la conclusion qu'il n'y a aucun remède est tentante. Qui plus est, la manière dont les étrangers ont reproduit les témoignages des survivants a souvent eu des caractères pornographiques ou violents. Comme un observateur l'explique, les observateurs essaient de « se surpasser entre eux par les scénarios de viol collectif les plus barbares »[19]. La manière dont la couverture des rapports et des médias contribue ainsi à un recyclage et à un renforcement des stéréotypes racialisés pose clairement des problèmes inhérents. Cependant, les représentations de la violence en RDC sont également préoccupantes sous d'autres aspects.

La recherche sur laquelle se base ce rapport souligne les inconvénients d'une focalisation unique sur les violences sexuelles comme un phénomène à part, séparé et extérieur aux autres formes de violence. Nous entendons par focalisation unique l'attention spécifique portée aux violences sexuelles en

---

16. Eriksson Baaz & Stern 2008 et Eriksson Baaz & Stern 2007. « Rasistiska beskrivningar av valdet i Kongo », dans G P Debatt le 29.10.2007 http://www.gp.se/gp/jsp/Crosslink.jsp?d=114&a=378870.
17. Une analyse intéressante de l'apparition de rumeurs de cannibalisme dans l'Ituri qui a, par la suite, vivement intéressé la presse occidentale se trouve dans un article de Pottier, 2007. Comme l'affirme Pottier, ces rumeurs doivent d'abord être comprises comme une « métaphore d'une violence et d'une souffrance extrêmes exagérées par les hommes politiques ».
18. http://www.nytimes.com/2007/10/07/world/africa/07congo.html.
19. Jason Stearns « Are we focusing too much on sexual violence in the RDC ? »14 Dec 2009, http://cangosiasa.blogspot.com/20 09/12/are-we-focusing-too- much-on-sexual.html.

RDC et qui se reflètent dans un nombre de rapports, d'articles, de coupures de presse, d'appels et de documentaires traitant spécifiquement la question du viol. D'autres formes de violences : les exécutions en masse, les tortures systématiques, le recrutement de force et les travaux forcés, etc., sont perpétrés sur une grande échelle mais attirent beaucoup moins d'attention et de ressources[20]. Il est naturellement préoccupant en soi que les autres violences ne reçoivent pas l'attention qu'elles méritent. Cette focalisation unique entraîne cependant d'autres problèmes liés entre eux.

Premièrement, les violences sexuelles en RDC ont tendu à être conceptualisées comme « anormales » et fondamentalement différentes et extérieures aux autres formes de violence, qui sont supposées ne pas être de « genre ». Nous entendons par là que les aspects genre[21] des autres types de violences ne sont pas considérés comme importants ou pertinents. En conceptualisant les violences sexuelles comme quelque peu « anormales » ou extérieures aux autres formes de violences car elles sont différentes selon les sexes/genre, on a contribué en fin de compte à déshumaniser les violeurs (et aussi, finalement, les victimes de viols)[22]. Si cette conceptualisation n'est pas exclusivement réservée à la RDC, elle est particulièrement évidente dans un contexte où d'autres formes de violence sont commises à grande échelle contre des civils, mais qu'elles ne font l'objet que de beaucoup moins d'attention.

20. Par exemple, selon la MONUC plus de 1.700 civils ont été tués dans le Nord et le Sud Kivu pendant les opérations militaires de 2009 et 6.000 habitations ont été incendiées. En outre, la question des enfants-soldats a attiré relativement peu d'attention en RDC, bien que l'on estime à 8.000 le nombre d'enfants faisant encore partie des groupes armés. Récents rapports sur les niveaux de « violences non sexuelles » comme les exécutions de masse, la torture systématique, le recrutement forcé, le travail forcé et les arrestations arbitraires par exemple dans Human Rights Watch, décembre 2009 et US Department of State. Mars 2009.
21. Dans ce sens, le genre doit être considéré comme une relation de pouvoir dans laquelle le « masculin » ne peut être considéré comme séparé du « féminin », et est évidemment défini en opposition au féminin. Le genre peut être considéré comme une information d'identité (qui nous sommes, qui nous sommes supposés être, nos activités (ce que nous/nos institutions font) et la symbolique (comment nous pensons). Il existe un grand nombre de manières différentes d'être un « homme » ou une « femme ». Tout comme il existe de nombreux attributs différents associés à la masculinité et la féminité dans tout contexte défini. Dans tout le présent rapport, nous traitons le genre comme une pratique et un concept de discours spécifiques à chaque culture (voir Peterson, 2003, p. 40 et Stern & Nystrand, 2006 ; Stern & Zalewski, 2009 ; Shepherd, 2007a et b.
22. Pour une poursuite de l'analyse, voir Eriksson Baaz & Stern, à paraître en 2010.

Deuxièmement, la focalisation spécifique, souvent exclusive, sur les violences sexuelles pose le problème qu'elle entrave notre compréhension de la relation entre les violences sexuelles et les autres violences (supposées) non sexuelles et genre. Le fait de souligner et de commenter uniquement les violences sexuelles évoquées dans des témoignages qui parlent aussi d'autres formes de violences entrave notre compréhension de la relation entre les violences sexuelles et les autres violences. Ces formes de violences constituent, dans une large mesure, les manifestations des mêmes échecs et mécanismes systémiques que ceux qui contribuent aux violences sexuelles. En traitant les violences sexuelles comme un phénomène distinct, nous risquons d'aboutir à des contre-stratégies qui sont en elles-mêmes faussées. Nous désirons souligner notre conviction que *la plupart des facteurs analysés dans ce rapport sont également applicables à la compréhension d'autres violences commises envers les populations civiles, et pas seulement les violences sexuelles.*

Troisièmement, l'expérience de la RDC démontre que la focalisation unique sur les violences sexuelles au sein d'un répertoire très large de violations des droits de l'homme par les forces de sécurité de l'État risque d'alimenter la « commercialisation du viol » ou la perception du « viol en tant que stratégie pour gagner de l'argent ». Dans un contexte de pauvreté endémique, la corruption au sein du système de justice, de régression des stigmates et d'absence presque totale de services de santé et sociaux, la focalisation sur les violences sexuelles en tant que crime particulièrement grave et sur les ressources fournies spécifiquement aux survivantes de viols résulte en des situations où les allégations de viol deviennent une stratégie de survie.

Enfin, le scénario des violences sexuelles en RDC a été incorporé dans une compréhension limitée des violences basées sur le genre (VBG), qui confond le genre avec le sexe et ignore les nombreuses manières dont, en temps de guerre, les violences basées sur le genre (VBG) atteignent également les hommes et les garçons. Nous allons traiter, dans le présent rapport, l'invisibilité des hommes et des garçons en tant que survivants (ou non) des violences sexuelles et ses conséquences. Nous affirmons que cette invisibilité contribue en fin de compte à la persistance des cycles de la violence.

Les violences sexuelles sont-elles une arme de guerre ?

Comme dans toutes les autres situations conflictuelles, les violences sexuelles en RDC sont parfois décrites comme une « arme de guerre »[23]. Depuis les

---

23. Voir Ertürk, 2008 ; Tosh & Chazan, 2008 ; USAID/DCHA, 2004 ; Human Rights Watch, 2002 ; Horwood, 2007 ; Omayondo, 2005 ; Pole Institute, 2004.

premiers rapports du début des années 2000 jusqu'à ce jour, le viol a été décrit comme une tactique de combat, comme une stratégie de guerre « utilisée systématiquement dans les opérations visant les populations civiles » et « utilisée systématiquement pour intimider les populations locales »[24]. En résultat, dans la ligne du long (et important) combat politique pour la définition des violences sexuelles comme des crimes contre l'humanité et comme des crimes de guerre, les violences sexuelles en RDC ont été et sont toujours décrites comme une arme de guerre. Cette conceptualisation des violences sexuelles a été indispensable pour rompre avec l'idée fréquente du viol comme d'un résultat tragique mais inévitable de la guerre, libéré par la sexualité des hommes dans un climat de guerre dépourvu de contrôles « normaux » de la société.

Qui plus est, de nombreux conflits récents comme ceux du Rwanda et de la Bosnie ont démontré les manières dont les viols de masse systématiques ont été utilisés comme une oppression et une terreur spécifiques, ce qui « a un sens » dans les actes des discours nationalistes sexués.

Les conditions conflictuelles diffèrent. D'abord, alors que le complexe conflictuel de la RDC comprend également l'instauration de frontières ethniques nationales (en particulier entre les « Congolais nationaux » et ceux « qui parlent le kinyaruanda », ou tout simplement les « Rwandais » et les « Tutsis »), nos entretiens ont rarement reflété un raisonnement explicite informé par des discours nationalistes sexués violents (et virulents) du type qui se fait jour dans d'autres situations conflictuelles (par exemple, le Rwanda ou la Bosnie). Une identification ethnique explicite apparaît rarement dans nos entretiens. Au lieu de cela, et comme c'est le cas au Libéria, pays dans lequel les violences sexuelles sont également étendues, le viol tend à n'être commis que sur n'importe quelle femme, quelles que soient ses affinités politiques ou ethniques avec l'auteur[25]. Par exemple, les groupes armés (comme les groupes Maï-Maï) qui proclament qu'ils agissent par autodéfense pour protéger la population contre les « Rwandais » sont les auteurs de la plupart des violences sexuelles contre le groupe qu'ils prétendent protéger.

Deuxièmement, la description des violences sexuelles en RDC de manière réductive, comme d'une « arme de guerre » (ce qui ne demande aucune autre explication) est ignorante du fait que les violences sexuelles perpétrées par des hommes en uniforme ont été largement diffusées, même lors d'un faible niveau de conflit armé[26]. Alors que les violences sexuelles ont, certes, augmenté

---

24. Ertürk, 2008, pp. 10 et 8.
25. Utas, 2005a.
26. Voir les rapports déjà cités de la MONUC, Division des droits de l'homme.

pendant les périodes de conflit intensifié en RDC (ce qui a été clairement démontré pendant les opérations de Kimia II)[27], des taux élevés des violences sexuelles ont également été constatés dans des contextes et des périodes de paix relative. De plus, les soldats commettent aussi des viols dans des zones non affectées directement par des conflits.

Troisièmement, alors qu'il est possible de supposer que diverses formes de violence, y compris le viol, sont pratiquées en RDC en tant qu'armes de guerre contre les civils par les forces armées, qui disent souvent aux victimes civiles qu'elles sont ainsi punies de leur collaboration (supposée) avec les groupes rebelles (en particulier le Forces Démocratique de Liberation du Rwanda, FDLR, très récemment)[28], loin de tous les cas comprennent ce type de « justification » des violations qu'ils commettent. Dans de nombreux exemples, les victimes soutiennent qu'elles ne savent pas pourquoi elles ont été victimes ou cibles (c'est-à-dire qu'on ne leur a rien dit). En outre, un grand nombre de cas de violences sexuelles survient dans des contextes d'émeutes ou de pillage : ces viols sont souvent liés aux exigences adressées aux survivants de céder des marchandises ou de payer des impôts/contributions illégaux, plutôt qu'à des accusations de soutenir l'« ennemi »[29].

Qui plus est, les témoignages des soldats lors de nos entretiens suggèrent que les violences sexuelles n'étaient pas utilisées en tant que stratégie militaire explicite, dans le sens que les soldats ont reçu l'ordre de violer. Leur réponse était toujours négative à ce sujet. Compte tenu de l'ouverture avec laquelle les soldats parlent de leurs supérieurs en général (les accusant de voler les salaires et les rations de nourriture, d'être incompétents, etc.)[30], ce qui est en soi une manifestation de l'effondrement des structures de commandement et de discipline si caractéristique de leur armée, il n'y a aucune raison de douter qu'ils en auraient parlé ouvertement s'ils avaient jamais reçu de tels ordres.

Par ailleurs, les officiers (en particulier ceux qui ont été interrogés au début de notre recherche) ont souvent soutenu que le viol est très difficile à arrêter, ce dont nous discutions plus avant ci-dessous en relation avec la masculinité et la sexualité militarisées. Ainsi, notre recherche suggère que si le viol par l'ar-

---

27. Voir Human Rights Watch, décembre 2009 ; Human Rights Watch, 2002 ; Horwood, 2007 ; Omayondo 2005 ; Pole Institute 2004.
28. Par exemple, comme le conclut le rapport Human Rights Watch de décembre 2009, p. 86 : « Dans de nombreux comptes-rendus collectés par Human Rights Watch, les soldats de l'armée congolaise auraient dit aux civils des variations de « puisque vous avez collaboré avec le FDLR, nous allons vous punir. »
29. Voir Human Rights Watch, décembre 2009.
30. Voir Eriksson Baaz & Stern, 2008.

mée nationale doit être conceptualisé en tant qu'arme de guerre, il s'agit d'une autorisation implicite suivie de l'absence d'ordres spécifiques de ne pas violer, et assortie de l'idée que les viols sont inévitables. La conceptualisation réductive du viol en tant qu'arme de guerre en RDC a donc généré de nombreux problèmes, car elle éclipse les autres formes de violence et cache d'autres facteurs qui contribuent aux violences sexuelles en période de conflit et d'après conflit. Le fait de réduire les violences sexuelles à une arme de guerre limite les possibilités de compréhension des divers facteurs qui contribuent à ces violences. Si l'on s'y réfère comme à une arme de guerre, le viol et les violences sexuelles tendent à être représentés uniquement comme un facteur stratégique et prévu. Alors que les violences sexuelles sont souvent utilisées pour humilier et intimider, cette humiliation et cette intimidation sont *aussi beaucoup moins stratégiques et beaucoup plus complexes qu'une stratégie de combat pour obtenir plus de succès militaires*. Elles doivent être comprises en relation avec une multitude d'autres circonstances, comme la réalité des relations entre civils et militaires en RDC, les conduites apprises, les processus d'intégration militaire (échoués), les idées militaires de la masculinité et les expériences de marginalisation. Nous analyserons tous ces facteurs dans le présent rapport.

Enfin, alors que les violences sexuelles sont un aspect de la terreur contre les civils pour gagner des points politiques, et un aspect tout à fait efficace, surtout à cause de l'attention qu'elles obtiennent des médias, il faut rappeler encore une fois que les violences sexuelles ne sont qu'un aspect de ces violences contre les civils, les femmes aussi bien que les hommes[31].

---

31. Pour une analyse similaire dans le contexte du Libéria, voir Utas 2005 a et b.

2. Contexte historique et institutionnel des forces armees nationales

Le problème des violences sexuelles commises par l'armée doit être compris dans le contexte de l'état dans lequel se trouve l'armée et du processus d'intégration militaire choisi, aussi bien qu'à la lumière de l'histoire et du climat actuel des relations entre civils et militaires. C'est pourquoi nous passons maintenant à une appréciation historique et à une analyse de l'état de l'armée comme toile de fond vitale pour la compréhension de la poursuite des violences contre les civils, y compris les viols commis par les membres des forces armées.

À défaut de stratégie militaire particulière, les violences envers les civils, y compris les violences sexuelles, tendent à être plus courantes dans les forces armées ou les groupes armés qui ont une fiabilité et des structures de commandement obscures, parallèles ou déficientes d'autre manière[1]. Comme nous le notons dans notre introduction, les viols commis par l'armée ne semblent pas constituer une partie primaire de la stratégie militaire médiatisée impliquant l'ordre aux soldats de violer. Même si c'était un ordre, il ne serait probablement pas exécuté très efficacement, compte tenu de l'état de l'armée, qui est criblée de divisions et de chaînes de commandement obscures et parallèles.

Les défis auxquels est confrontée l'armée actuellement sont des manifestations de l'intégration militaire entreprise depuis 2003. Cependant, il ont aussi des racines historiques plus profondes.

Une armée de divisions et des chaînes de commandement parallèles

Les forces armées congolaises n'existent et n'agissent pas dans un vide, mais sont clairement situées au sein du contexte politique et économique général de la RDC, aussi bien que dans l'économie politique mondiale. Les forces armées nationales, comme toutes les institutions d'État, sont une création des structures et des mécanismes du pouvoir économique et politique et le reflètent. En RDC, le contexte politique a été et consiste encore en des modes inofficiels de gouvernance qui sont profondément ancrés dans un système de clientélisme. Mobutu avait développé un système qui permettait et encourageait une confusion totale et permanente entre ce que l'on comprend communément comme

---
1. Voir Horwood, 2007.

les sphères « privées » et « publiques ». Les sphères publiques, comprenant, par exemple, des institutions d'État comme l'armée, sont principalement perçues et utilisées comme un moyen d'accumuler les ressources à son profit personnel. En outre, pour que les gens au pouvoir conservent leur position de domination, des portions des richesses accumulées doivent être redistribuées dans des réseaux clientélistes (souvent) complexes[2]. En résultat, l'impact et même la présence des règlements légaux est faible et la volonté aussi bien que la capacité de l'État à développer et à mettre en œuvre des politiques publiques est maigre. C'est dans ce contexte qu'il faut comprendre l'architecture historique et actuelle des forces armées congolaises, les problèmes qu'elles renferment et ceux qu'elles causent.

Le rôle historique de l'armée congolaise a été de protéger les régimes en place contre l'opposition interne. En outre, en résultat des efforts de Mobutu pour empêcher l'armée de déstabiliser le régime, l'armée a été elle-même divisée par des conflits « internes » et des structures de commandement floues et parallèles. En se nommant lui-même commandant suprême, commandant en chef, président du conseil supérieur de défense et ministre de la défense, Mobutu détenait le commandement total de l'armée et effectuait lui-même les promotions et les démissions des officiers et dirigeait les opérations militaires. En conséquence, la période Mobutu se caractérise par des réorganisations constantes, des promotions et des destitutions au coup par coup, la création et le changement de nom de nouvelles unités spécialisés, et des exécutions de militaires (sous prétexte de tentatives de coups d'État)[3].

Cela créait un climat d'insécurité permanente, de suspicion et de manque de clarté en termes de fiabilité et de responsabilité, ainsi que l'accroissement des divisions ethniques au sein de l'armée. Les généraux nouvellement désignés se composaient des entourages composés de membres de leur propre groupe ethnique, et leur donnaient des grades plus élevés et d'autres privilèges. Les militaires du rang le plus élevé, en particulier dans les unités spécialisées, étaient du propre groupe ethnique de Mobutu (un grand nombre en outre de sa propre famille). Mobutu avait créé plusieurs unités spécialisées et privilégiées, dont les noms et les fonctions changeaient avec le temps[4]. Le reste de

---

2. Voir Braeckman, 1992 ; Minani, 2008.
3. Voir Ebenga & N'Landu, 2005 ; Minani, 2008.
4. Alors que leurs noms et leurs fonctions ont évolué avec le temps, les unités spécialisées principales étaient la garde d'élite présidentielle, la Division spéciale présidentielle (DSP), placée sous son commandement direct et entraînée par Israël ; les troupes parachutistes ; et le service militaire d'opération et d'intelligence (SARM).

l'armée, composé d'environ 50.000 hommes et femmes était largement laissé à son propre sort. Ces soldats vivaient de diverses pratiques illégales et d'extorsion des populations[5].

C'est pourquoi l'armée congolaise a toujours été grevée de conflits et de divisions. Comme Ebenga et N'Landu le concluent dans leur exposé historique des forces armées congolaises : « ce que nous devons réaliser, c'est la création d'une armée entièrement nouvelle avec une idéologie, une structure et une organisation qui ne ressemblent à rien de ce qui a auparavant existé en RDC »[6]. Ils nous avertissent des dangers de solutions faciles comme de « passer sur les problèmes » et de « confondre les armées et les milices ». Leurs avertissements, cependant, n'ont pas été entendus.

Brassage et intégration accélérée : déplacer les problèmes à un autre niveau

Les problèmes de division et de chaînes de commandement parallèles ont augmenté avec les processus d'intégration militaire choisis après les divers accords de paix. L'armée nationale a été formée initialement après l'installation du gouvernement de transition en 2003, et elle est encore en cours de formation lors de la signature de nouveaux accords de paix et de l'intégration de nouveaux groupes dans le cadre de ce que l'on a décrit comme un « processus interminable »[7]. Au début, l'armée se composait des signataires de l'Accord global et inclusif, section VI, signé à Pretoria le 17 décembre 2002 (entre notamment les forces gouvernementales FAC, le MLC, le RCD et les Maï-Maï). La stratégie d'intégration choisie par la RDC comprenait la formation d'une nouvelle armée républicaine sur la base des anciennes forces gouvernementales et des diverses milices[8]. Le processus général a été un brassage du mélange, c'est-à-dire de former de nouvelles brigades à partir des principaux groupes armés, dans le but de casser toutes les anciennes loyautés et d'établir une chaîne de commandement unifiée.

Le *brassage* a impliqué une addition constante de nouvelles unités armées à intégrer, souvent des unités déjà intégrées à une phase antérieure et qui avaient abandonné le processus, et qui y revenaient. Ainsi, l'armée est en proie à une réorganisation constante, qui inclut la division et la formation de nouvelles brigades. Alors que l'approche générale a été de fournir trois mois de forma-

---
5. Ebenga & N'Landu 2005 ; Rigobert, 2008.
6. Ebenga & N'Landu, 2005, p. 81.
7. Boshoff, 2007.
8. Par contraste, le Libéria, par exemple, a choisi de « partir de zéro » et de former une armée entièrement « nouvelle ».

tion commune dans des centres de brassage destiné aux brigades nouvellement intégrées, cela n'a pas été effectué de manière cohérente. L'exception la plus remarquable est la récente intégration de groupes provenant essentiellement du CNDP, mais aussi des Maï-Maï, qui a commencé au début de 2009 et impliquait plus de 12.000 nouveaux soldats. Au lieu de cela, ils ont été intégrés au moyen d'un « processus d'intégration rapide » au Nord-Kivu. La force du CNDP (ainsi que certains Maï-Maï et ex-FDLR) a été scindée en unités de la taille de pelotons et mélangée avec d'autres unités de l'armée, le tout au milieu d'opérations militaires en cours.

Tandis que cette dernière phase d'intégration rapide a été particulièrement difficile, la méthode d'intégration d'ensemble a généralement posé des problèmes. Comme l'a déjà conclu Boshoff pendant la première phase d'intégration (MLC, Maï-Maï, RDC), l'intégration militaire a essentiellement signifié « la juxtaposition des unités des anciens belligérants sous un commandement intégré, parfois purement théorique »[9]. Les unités restent souvent influencées par les anciens belligérants, et non aux structures de commandement intégrées, créant des chaînes de commandement parallèles. Les refus d'obéissance aux ordres de certains commandants sont fréquents. Ainsi, la culture militaire générale se caractérise par le manque de discipline et les mutineries[10]. Les commandants ne parviennent habituellement à garder le contrôle que des unités composées de soldats ayant un passé militaire identique au leur (par exemple les FAC, le CNDP, les Maï-Maï, etc.), et non de toutes leurs troupes.

Il faut considérer l'état fracturé de l'armée comme un reflet de la difficulté d'unifier d'anciens adversaires (qui, dans le cas le plus récent, avaient été enrôlés pour combattre quelques semaines seulement avant leur intégration accélérée) sous une structure commune de commandement. Il s'agit d'un processus qui aurait pris beaucoup de temps dans n'importe quel contexte. Cependant, il existe ici plusieurs facteurs qui interviennent, et nous désirons en souligner quelques-uns pour indiquer certains des défis auxquels est confronté le processus de réforme de l'armée congolaise.

La concurrence pour obtenir des ressources

Un bon nombre des conflits et divisions au sein de l'armée sont des expressions de la concurrence pour obtenir des ressources, qui est en elle-même un

---

9. Boshoff, 2005.
10. L'examen de l'ancienne 14ème Brigade dans un rapport de juillet 2009 de Human Rights Watch en fournit un exemple parlant.

exemple du dysfonctionnement de l'armée. La définition d'une « zone de déploiement satisfaisante » est clairement liée au degré de prospérité de la zone en termes de contrôle et d'accès potentiels aux ressources. Les plus importantes et les plus lucratives sont, bien sûr, les plus grands sites miniers.

Comme il est bien documenté dans plusieurs rapports, les membres de l'armée, souvent en collaboration avec d'autres groupes armés ou non, sont lourdement impliqués dans le commerce illégal de minéraux[11]. Le contrôle étendu des chefs du CNDP aux régions riches en minéraux dans le contexte de Kimia II n'est qu'un exemple de ce phénomène. Cette pratique n'a pas seulement provoqué un ressentiment et des conflits dans la population et d'autres intérêts commerciaux armés et non armés, auparavant contrôlés[12], mais aussi, et en particulier parmi d'autres fractions de l'armée nationale. Interrogés en 2009, par exemple, les soldats qui n'étaient pas auparavant membres du CNDP expriment un fort ressentiment et de la colère en ce qui concerne le contrôle croissant pris par le CNDP sur les sites miniers.

Toutefois, tandis que les mines sont souvent les plus lucratives (selon les prix du marché mondial), les mines sont loin d'être la seule source de revenus. D'autres comprennent la production de charbon, le braconnage, les arrestations illégales dans des buts d'extorsion, la fourniture de sécurité privée, et, plus généralement, les droits de passage illégaux prélevés sur les sites commerciaux importants, les routes, les frontières et les ports. Les soldats aspirent généralement à être déployés dans des zones riches en ressources, alors que le redéploiement à partir de telles zones vers des zones moins intéressantes financièrement est considéré comme une punition. En effet, ces redéploiements forcés résultent souvent en des émeutes, des protestations et parfois même des mutineries. Nous discuterons la normalisation des sources de revenus illégales de l'armée au chapitre suivant.

De manière similaire, la distribution des ressources propres de l'armée, comme les salaires, les rations et autres soutiens, est extrêmement inégale et, souvent, tout simplement inexistante. Alors que le système des salaires est en cours de restructuration avec l'assistance de la mission de conseil et d'assistance de l'Union européenne en matière de réforme du secteur de la sécurité en République Démocratique du Congo (RDC) (EUSEC), pour limiter les

---

11. Voir Global Witness, juillet 2009 ; Conseil de sécurité de l'ONU, Final Report of the Group of Experts on the Democratic Republic of the Congo, 5/2009/603 ; Sullivan and Atama 2010.
12. Qui se sont manifestées, par exemple, lors de l'attaque du 12 août sur Bisie. Voir Sullivan & Atama, janvier 2010.

possibilités de détournement par la réorganisation des canaux de paiement et l'instauration de cartes d'identité biométriques, etc., les paiements ne sont toujours pas distribués également. Lors de nos entretiens, nous entendions souvent des variantes de la question suivante : « nous avons entendu dire que les autres ont été payés (ont reçu leur solde), mais nous, nous n'avons rien eu. Pourquoi ? »[13]. La distribution des salaires et d'autres soutiens diffère non seulement d'une brigade à l'autre mais au sein d'une même brigade. Cela exacerbe les conflits existants entre les brigades mélangées, mais particulièrement en leur sein. Alors que le problème est de payer les soldes à temps et régulièrement à tous est, en partie, un problème logistique (en particulier en 2009, lors de l'intégration de plus de 12.000 nouveaux soldats qui n'avaient pas été budgétisés), c'est surtout un résultat du détournement systématique des fonds par les officiers de haut grade.

Dans ce contexte, il faut également souligner que les ressources extérieures fournies par la Mission de l'Organisation des Nations Unies en RD Congo (MONUC), en particulier les rations alimentaires, semblent faire partie de ce détournement systématique. Dans certaines zones, les rations alimentaires fournies à l'armée par la MONUC sont souvent vendues en vrac sur les marchés, ce qui suggère qu'elles sont vendues par des officiers de haut rang et non par des soldats individuels[14].

---

13. L'exemple le plus récent de ce problème se trouve dans les opérations de Kimia II. Les commandants du CNDP récemment intégrés, qui dirigeaient les opérations de combat, recevaient la totalité des soutiens et des rations alimentaires, causant le mécontentement des autres sections de l'armée.
14. Projet Enough, mars 2010. La MONUC apporte son soutien à l'armée, principalement sous la forme de rations alimentaires, de combustible, de fournitures d'eau et de médicaments. Ce soutien est principalement fourni aux trois opérations militaires (Kimia II au Nord et au Sud-Kivu, Rudia 2 dans le Haut Huele et Orientale et Iron Stone dans Ituri et Orientale) pour un coût estimé à 8,2 millions de dollars US pour l'année fiscale 2009-10, à l'exclusion des frais de livraison qui sont plus du double de la valeur réelle des marchandises livrées. Il faut reconnaître que les interventions de court terme destinées à améliorer l'efficacité de l'armée au combat, comme les rations alimentaires et les autres ressources fournies par la MONUC, peuvent aussi être contreproductives pour une réforme de la défense réussie sur le long terme et pour réduire les violations des droits de l'homme. Elles risquent d'alimenter, et d'exagérer, les frustrations croissantes parmi les soldats et même le détournement systématique par les officiers de haut grade, accroissant à leur tour les frustrations des soldats et les incitant à encore plus d'abus envers les civils.

Grade et formation

Un problème supplémentaire et lié est la distribution inégale des grades qui ne tient pas compte des compétences et des mérites. En général, la politique d'inclusion dans l'armée, et l'attribution concomitante de grades, ont été très généreuses. Alors qu'une certaine sélection a eu lieu, principalement pour éliminer les mineurs et les handicapés, la plupart des anciens combattants désirant s'enrôler et avec des commandants qui les y poussent, ont pu entrer dans les forces armées[15]. En outre, malgré l'objectif officiel, certains mineurs ont été intégrés et se trouvent encore dans les rangs de l'armée[16]. Les femmes ont souvent été démobilisées automatiquement, à cause de l'exigence qu'il faut porter une arme pour avoir droit au désarmement ou à l'intégration (et de nombreuses femmes actives dans des groupes armés ne portent pas d'armes ou les partagent avec des combattants hommes). Donc, elles ne parviennent pas aux centres de désarmement, de démobilisation et de réinsertion (DDR), ou quittent l'armée sans terminer le processus de démobilisation, car elles sentent que leurs besoins ne sont pas satisfaits[17].

En vertu du premier accord de paix, qui constituait la base de la première phase majeure d'intégration militaire, les membres des divers groupes armés pouvaient conserver les grades qu'ils avaient déjà. Une politique des grades tout aussi généreuse a caractérisé les processus d'intégration ultérieurs. Étant donnés le statut et les possibilités liés au grade (primairement économiques, liés à des activités hors de la légalité), la question du grade a été centrale dans les processus de négociations de paix. Inutile de dire que ces politiques généreuses posent de graves problèmes. Par exemple, un conflit se fait jour entre les anciens soldats des FAC (les anciennes forces gouvernementales) et les soldats

---

15. En vertu du stade initial du plan national DDR en RDC, les processus de DDR et d'intégration militaire devaient se dérouler de manière interdépendante, à l'aide d'un noyau combiné (tronc commun) pour les deux programmes. Le tronc commun signifie que tous les soldats, qu'ils entrent dans le programme DDR ou qu'ils soient recrutés dans la nouvelle armée, doivent suivre les mêmes procédures, ce qui implique une sensibilisation, le désarmement et l'identification des combattants, et mène à leur intégration dans les FARDC unifiées ou à leur réintégration dans la vie civile.
16. Par exemple, la MONUC a identifié plus de 300 enfants lors de l'incorporation des brigades des FARDC et du CNDP Alpha, Bravo, Charlie, Delta et Foxtrot en 2007. Au total, 106 enfants seulement ont été retirés des brigades.
17. Voir, par exemple, Schroeder, 2005 ainsi que Coulter, Persson & Utas, 2008 qui font une bonne analyse des problèmes liés au DDR vus sous la perspective des femmes soldats.

récemment intégrés. Les anciens soldats des FAC avaient été promus dans un système qui, quoique certainement faillible, se basait sur les compétences et le mérite, alors qu'un grand nombre des soldats récemment intégrés n'ont que peu ou pas de formation, malgré leur grade élevé. Cela cause un ressentiment. Comme l'explique un lieutenant provenant des FAC :

> Un bon soldat, c'est quelqu'un qui connaît la discipline, qui connaît le Règlement militaire et qui a été dans les centres (de formation). Le Règlement militaire, c'est comme la Bible, il faut le respecter. Mais maintenant, vous avez un grand nombre de soldats qui ne le connaissent pas, ne connaissent pas la discipline, ils ont leurs grades et il faut les saluer, mais ils ne savent rien. Cette profession est en ruines. Elle est complètement désorganisée (poto poto).

En outre des conflits et divisions causés par l'absence d'exigences standardisées pour l'obtention des grades, la présence dans l'armée d'un nombre très disproportionné d'officiers supérieurs, certains n'ayant aucune formation militaire formelle et incapables même de lire le Règlement militaire, constitue aussi un problème évident. De nombreux officiers supérieurs ne savent ni lire, ni écrire et n'ont pas plus de 30 ans. En outre, puisque les officiers de grade supérieur se voient eux-mêmes comme « trop supérieurs pour une formation », un bon nombre n'ont que très peu de formation après leur intégration, souvent moins que les simples soldats.

Consommation généralisée d'alcool et de stupéfiants

Les soldats eux-mêmes attribuent souvent les violences contre les civils, y compris les violences sexuelles, à la consommation généralisée d'alcool et de stupéfiants combinée à la « folie de la guerre » et à d'autres frustrations[18]. Ainsi, un autre aspect du manque de discipline dans l'armée (ainsi que les problèmes sociaux endémiques) est l'utilisation très répandue de l'alcool et des stupéfiants, y compris dans les situations de combat. Certes, nous avons constaté qu'il est habituel de voir des soldats en état d'ébriété ou d'autre intoxication dans diverses unités militaires, même tôt le matin. Les soldats expliquent que la consommation extensive d'alcool et de stupéfiants est liée au besoin de résister aux privations et à la faim, ainsi que de réduire la peur au combat[19].

---

18. Voir la discussion plus avant dans l'ouvrage de Eriksson Baaz & Stern, 2008.
19. On peut mentionner que l'usage de l'alcool au combat a une longue histoire. On a donné de l'alcool aux troupes dans divers contextes, croyant que l'alcool limitera la peur du combat tandis que les niveaux accrus d'adrénaline pendant la bataille limiteront les aspects indésirables de l'intoxication pour l'efficacité du combat.

Un groupe de soldats récemment intégré explique la situation comme suit :

Adj. 1 : On fume pas mal de marijuana (likaya ya makasi) pour chasser les soucis de salaire et sur tout. Surtout au combat (bitumba). Moi, si je n'en trouve pas, je ne vais pas au combat ! Je ferais tout pour que le FC100 m'en trouve. Sans fumer, le combat c'est tout à fait terrifiant (ebangisaka, bangisaka).
Maria : Alors, vous préférez fumer plutôt que boire ?
Adj. 2 : Eh bien, on boit aussi. C'est les deux. Cela varie aussi entre les personnes.
Adj. 3 : Boire, c'est bien aussi. Cela vous donne aussi la force de porter les armes. Nos armes sont lourdes, jusqu'à 20 kg. Et regardez-nous ! (ils font allusion à leurs corps petits et maigres). Dans les autres pays, ils les transportent par camion. Nous, nous devons les porter nous-mêmes tout le chemin, car l'armée n'a pas de moyens de transport. Et si vous buvez, les armes deviennent plus légères (soki omeli elongolaka mua poids). Et boire, cela donne aussi du courage (makasi).

Si la consommation d'alcool et d'autres stupéfiants ne doit certainement pas être considérée comme une cause des violences sexuelles, cela augmente la probabilité de ces infractions si le contexte est par ailleurs « propice » aux violences sexuelles. L'alcool et les autres drogues altèrent le jugement et le bon sens et réduisent les inhibitions[20]. En outre, de nombreux survivants parlent, dans leurs témoignages, d'agresseurs qui sont (souvent sérieusement) intoxiqués[21]. Ainsi, l'usage étendu de l'alcool et des drogues, s'il ne constitue pas une explication, contribue certainement aux niveaux élevés de violences sexuelles commises par l'armée.

En somme, la fragmentation des forces armées et la multitude de problèmes mentionnés ci-dessus qui y sont liés, combinés avec l'absence de contrôle que les commandants ont de leurs troupes, contribuent à créer les contextes dans lesquels se produisent les violences sexuelles et autres envers la population civile.

Relations hostiles entre civils et militaires

La RDC possède une longue histoire de relations hostiles entre les civils et les militaires. Toute tentative de comprendre les relations de ce type en RDC, y

---

Nous ne sommes pas en mesure de dire si/dans quelle mesure l'alcool a également été utilisé de cette manière au sein de l'armée congolaise, car nous n'avons pas du tout traité cette question spécifique.
20. Voir Horwood, 2007.
21. Voir Amnesty International, 2008.

compris les abus envers la population civile, doit être placée dans son contexte historique.

Histoire de l'armée congolaise : instrument de répression de l'opposition nationale

Nous l'avons noté auparavant, l'armée congolaise n'a jamais servi, dans le sens idéalisé d'un corps militaire destiné à protéger la nation et ses citoyens contre les menaces extérieures. Au lieu de cela, les forces armées de la RDC ont été utilisées pour protéger le régime et supprimer l'opposition interne. Pendant la période coloniale, le rôle de l'armée était de briser toute résistance à l'exploitation économique du pouvoir colonial. Sous le régime de Mobutu, les militaires ont conservé leur rôle de protecteurs du régime contre l'opposition interne. Le rôle traditionnel de l'armée, combiné à la domination des activités illégales et de l'extorsion de la population, a eu des conséquences manifestes pour l'évolution des relations entre civils et militaires. Voici comment Ebenga & N'Landu expliquent la situation :

> De la même manière que les forces coloniales, les FAC étaient regardées comme un corps égocentrique et impitoyable d'hommes formés à combattre et à tuer. C'était un instrument de répression et, à cause de cela, la plupart des Congolais étaient convaincus qu'ils n'avaient rien à gagner à s'associer à ses membres. Quoi qu'il arrive, il fallait éviter l'armée à tout prix. Les militaires étaient considérés comme l'ennemi des gens ordinaires ; et cette hostilité était exacerbée par les actions du réseau national d'espionnage, qui éradiquait toute contestation[22].

Sans solde ni moyens de subsistance, l'armée et la police (en dehors des unités spécialisées, voir ci-après) ont été forcées de se débrouiller toutes seules en exploitant la population civile, selon l'expression *civil azali bilangaya militaire* « le civil est le champ de blé du militaire ». En fait (et contrairement à ce qui est parfois supposé), dans les régions non touchées par la guerre, le harcèlement des militaires et de la police était probablement plus endémique pendant la dernière partie de l'ère Mobutu qu'elle ne l'est actuellement. Pendant cette période, la population a vécu dans une crainte constante d'être empêchée de passer et rackettée par les soldats, soit sous le prétexte d'une transgression réelle ou fausse de la loi, soit simplement en se référant à l'expression ci-dessus. En résultat de la longue période d'abus du pouvoir par les membres du secteur

---

22. Ebenga & N'Landu, 2005, p. 73.

de la sécurité, la police et les militaires sont très peu reconnus comme légitimes aux yeux de la population civile. Les policiers et les soldats sont souvent appelés tout simplement *miyibi* (voleurs). Dans son ensemble, la population est profondément mécontente de l'appareil de sécurité, ce qui a été clairement démontré dans le meurtre spontané et public, par la population de Kinshasa, des membres des militaires et de la police lorsque les forces de Laurent Kabila sont entrées dans la ville[23].

Alors que la plupart des soldats interrogés pour la présente étude peuvent répéter le nouveau rôle (officiel) de l'armée « de protéger la nation, la population et leurs propriétés » le manque d'expérience historique et les modèles de rôles (combinés aux soupçons de la population civile et le manque d'encouragements/de récompenses pour bonne conduite, etc.) rendent la tâche d'assurer la sécurité du peuple tout à fait abstraite. En fait, le passé chargé de l'armée en termes d'abus contre la population civile sert de raison logique pour laquelle certains devraient s'enrôler. Un soldat s'exprime de la manière suivante.

> *Maria* : Alors, qu'est-ce qui vous a fait entrer dans l'armée ?
> *Caporal* : La colère, la colère (kanda) pour toutes les mauvaises choses que nous avons vues depuis que nous sommes enfants. Nous avions peu d'argent. Mais lorsque les soldats entraient dans notre petite boutique,… quand les soldats venaient. Un soldat fait tout ce qu'il veut [Soda aye. Makambu nionso akolinga kosala akosala na ye]. Les soldats font tout ce qu'ils veulent. Tout cela nous mettait en colère. Nous pensions seulement que je devrais devenir soldat.
> *Maria* : Bon, alors vous êtes entré dans l'armée par colère contre l'armée, … Aussi pour protéger votre famille ?
> *Caporal* : Oui, maintenant ils sont un peu en sécurité (calme). Les gens savent que je suis dans l'armée. Maintenant, quand je viens dans ma famille, je peux voir qu'ils sont un peu plus en sécurité qu'avant.

Compte tenu de l'histoire de l'armée, une carrière militaire n'est pas très prestigieuse dans la société congolaise, à moins que l'on ne soit hautement gradé. À l'exception des familles de « tradition » militaire, la plupart sont réticents à rejoindre les forces armées ou à y envoyer leurs enfants. Cette situation se reflète également dans notre matériel d'entretiens. Alors que l'intégration des milices/des rebelles recrutés de force dans l'armée congolaise est une décision

---

23. Lorsque Laurent Kabila a pris le pouvoir, il a également décrété la loi et l'ordre dans l'armée, y compris la fin de l'impunité qui caractérisait la majorité de la période Mobutu. Le nouveau « professionnalisme » de l'armée était particulièrement évident au début du régime de Laurent Kabila mais il s'est détérioré à nouveau depuis.

formellement libre, une majorité des soldats interrogés a décrit le choix de l'intégration (plutôt que la démobilisation) comme obligatoire car il n'y avait aucune autre alternative : ils n'avaient aucun chemin de retour. En outre, un bon nombre de ceux qui désiraient être démobilisés y ont été empêchés par leurs supérieurs qui avaient besoin d'eux pour maintenir leur position de supérieur d'un grand nombre d'hommes et pour avancer en importance et en position au sein de l'armée. En outre, ceux qui ont rejoint l'armée régulière volontairement disent qu'ils l'ont fait en désespoir de cause, à cause de la pauvreté, du manque d'autres alternatives et du désir de s'instruire. Ainsi, une grande partie de l'armée se compose de soldats qui se perçoivent comme ayant été plus ou moins forcés de s'enrôler.

L'image négative de l'armée auprès de la population civile s'est aussi maintenue à cause d'une absence générale de la propagande par ailleurs habituelle qui mobilise pour le soutien à l'armée en période de conflit. Au début du conflit, Laurent Kabila a entrepris de mobiliser la population, l'armée (les FAC) et d'attirer de nouvelles recrues. À l'exception de cette période assez courte, la guerre en RDC a généralement été marquée par l'absence (ou la présence minimale) de la propagande de guerre typiquement nationaliste célébrant l'idée des « hommes forts actifs mettant en jeu leur vie et sacrifiant leurs vies pour le bien de leur patrie »[24]. L'absence de propagande a des conséquences pour les rapports notoires de combats de l'armée congolaise. Comme un soldat le dit : « si je suis renvoyé au front, je déserte. Pourquoi aller combattre et risquer ma vie ? Pour rien. Pas pour l'argent. Et pas pour l'honneur non plus. Les civils nous méprisent ».

Ce qui est important, c'est que la brève description ci-dessus des antécédents historiques pour présenter les mauvaises relations entre les civils et les militaires nous aide à mieux comprendre le contexte qui a rendu possible les abus contre les populations. Nous passons maintenant à une analyse plus approfondie de ce contexte favorable et des facteurs qui le perpétuent.

Punir et imposer le pouvoir par la violence

La longue histoire des abus perpétrés par les militaires, combinés avec leur statut peu élevé (lié aux faibles salaires et aux conditions de vie précaires) et

---

24. Il est intéressant de remarquer que seuls les soldats recrutés pendant la période d'identité nationale politisée disent qu'ils sont entrés dans l'armée par conviction et par désir de « défendre la nation ».

l'absence de propagande nationaliste pour soutenir les forces armées ont perpétué une image négative du personnel militaire parmi les civils. Cet élément revient constamment dans nos entretiens avec les soldats (bien qu'il soit moins présent dans nos entretiens avec les officiers, qui reçoivent plus de respect par suite de leur position). Dans nos entretiens, les soldats soulignent de nombreuses fois qu'ils sont mal compris et peu respectés par les civils, comme le montre la citation suivante :

> Vous savez, ils (les civils) ne comprennent pas. Ils ne nous respectent plus. Ils nous voient comme inutiles (batu ya pamba). C'est que nous n'avons rien. C'est nous qui devons aller vers eux et quémander de la nourriture. Ils rient et nous refusent une place assise dans l'autobus, nous appellent « faux tête »[25]. Avant, ce n'était pas comme cela. Avant... Bien sûr qu'ils ont aussi peur de nous à cause des mauvaises actions que font les gens en uniformes. C'est mal. Alors ils ont peur de nous. Mais aussi, ils ne comprennent pas ce que nous faisons. Nous combattons et nous souffrons pour le pays, pour protéger la nation [ekolo] et eux, et leurs affaires (biloko ya batu). Beaucoup meurent, et beaucoup, beaucoup sont blessés. Mais personne ne s'occupe d'eux. Ni l'armée, ni les civils. Ils (les blessés) mendient dans les rues. Vraiment, ce n'est pas juste.

Comme l'indiquent les mots de ce sergent, le soi-disant mépris prend deux formes : les soldats n'ont pas d'argent/sont pauvres, ce qui fait que les gens les regardent comme des *batu ya parnba* (des nuls), et ils ne sont pas reconnus pour le travail qu'ils font : « combattre et souffrir pour la patrie ». En plus, de nombreux soldats donnent des exemples des manières dans lesquelles s'exprime ce mépris : on se moque d'eux (par exemple, on les appelle *faux tête*), on leur crache dessus, on leur lance des choses à la tête, et on les attaque et on les bat lorsqu'ils se promènent seuls et sans arme. Dans certaines zones, les soldats ont dit qu'ils n'osent pas sortir tous seuls et sans armes, car ils ont peur d'être attaqués par les civils.

Il faut remarquer que ce n'est pas le cas dans toutes les zones de déploiement. En certains lieux, les soldats disent qu'ils ont de bonnes relations avec la population civile et qu'ils sont même considérés comme des « sauveurs » par les civils. C'était surtout le cas dans des zones où les commandants semblent s'être impliqués dans la communication et le dialogue avec la population (ou dans des zones détenues auparavant par le CNDP ou le FDLR).

---

25. Selon les règlements, les fonctionnaires de l'État, y compris les soldats, voyagent gratuitement, même dans les autocars privés. Selon les soldats, on leur refuse souvent ce droit et/ou ils sont ridiculisés comme des « faux tête », c'est-à-dire quelqu'un qui ne paie pas/qui est de l'argent perdu.

Toutefois, l'image générale est que les soldats ressentent qu'ils ne reçoivent pas le respect qu'ils méritent des civils. Ces sentiments ne sont pas respectés, combinés avec la longue histoire/la normalisation des abus aussi bien que l'insatisfaction générale et le sentiment d'avoir été trahis par leur hiérarchie militaire, les poussent certainement à la violence contre les civils. Dans certains cas, c'était clairement exprimé comme un « besoin de les remettre à leur place », de « leur donner une leçon » et de les « punir ». Comme l'explique un caporal :

> Les civils ne nous respectent pas. Ils nous considèrent comme des gens inutiles/des nuls (batu ya pamba). Parce que nous n'avons rien. Nous devons quémander, c'est pourquoi ils nous voient comme des nuls. Ils nous donnent des noms méchants (bazali kofinga biso) …. Hier, quand j'étais dehors, quelqu'un m'a craché dessus. Parfois, on se fait même attaquer. Nous ne sortons plus seuls, seuls et sans armes. Cela peut être dangereux, car parfois on peut vous attaquer. Ici, dans cette zone, il y a des quantités d'armes partout. Les civils ont des quantités d'armes et ils peuvent vous tuer… C'est pourquoi, parfois vous devez leur montrer (par fois il faut olakisa bango po pe bayeba). Ils sont stupides (bazali mutu makasi). Ils ne comprennent rien. Alors parfois il faut les punir… C'est aussi, parfois, parfois une explication des viols. S'ils nous respectaient, ce serait différent. Alors, on ne verrait pas autant de tout cela, viols, tueries et vols. C'est cela aussi. Leur manque de respect. Ils ne comprennent rien.

Donc, le manque de respect ressenti engendre ce que l'on décrit comme le besoin de rétablir l'autorité et de punir de diverses manières, y compris le viol. En résumé, les relations hostiles entre civils et militaires, qui sont le résultat de plusieurs facteurs interdépendants, constituent une importante raison de la violence contre les civils, y compris les violences sexuelles.

3. Facteurs juridiques et sociaux

Les faits de violences sexuelles sont clairement animés et favorisés par le contexte social et juridique dans lequel ils apparaissent. Cette section traite des facteurs les plus saillants qui contribuent, comme l'indique notre recherche, à perpétuer ces violences. Nous analysons les connexions entre les conditions sociales et la violence et nous nous concentrons d'abord sur la question controversée de la pauvreté comme « cause » de la violence, et, deuxièmement, une discussion des conséquences de la normalisation des activités lucratives hors de la légalité. Nous en viendrons ensuite à discuter de l'impunité, y compris l'absence de mécanismes de contrôles et l'impact des condamnations sur le niveau de la violence.

Conditions sociales - pauvreté

L'importance de verser aux soldats congolais des salaires réguliers et adéquats est soulignée dans la plupart des rapports traitant de la réforme du secteur de la sécurité, (RSS), y compris les rapports concernant les violations des droits de l'homme commises par l'armée[1]. L'hypothèse est qu'une augmentation des salaires et de meilleures conditions sociales n'amélioreront pas seulement l'efficacité de l'armée au combat, mais réduiront aussi le niveau des violations des droits de l'homme.

Plusieurs rapports semblent aussi supposer que les violences sexuelles peuvent, dans une certaine mesure, s'expliquer par des conditions de vie déficientes, bien que ce lien supposé soit rarement élaboré en détail. Par exemple, le rapport des Human Rights Watch de 2009 affirme : « Les piètres conditions de vie des soldats ne peuvent justifier aucun des crimes sexuels commis par l'armée congolaise. Mais les efforts d'améliorer l'accès aux nécessités de base et de s'occuper des familles de soldats contribuent en fin de compte à la protection des civils. »[2]

---

1. Amnesty International, 2007 ; Human Rights Watch, juillet 2009.
2. Human Rights Watch Report, juillet 2009, p. 45. Cette conclusion est probablement basée sur le fait que de : « nombreux viols sont commis dans des contextes de pillage et de dépradation, que ce soit dans les maisons des victimes, leurs fermes ou alors que les femmes et les filles se rendaient au marché. Le manquement du gouvernement à payer ses soldats et à leur fournir des rations alimentaires adéquates quand ils sont en opération a contribué à un environnement où ces violences sévissent » (ibid p.105).

La plupart des membres de l'armée interrogés pour ce projet de recherche, des officiers jusqu'aux soldats, identifient aussi la pauvreté comme l'une des « raisons » principales de l'apparition de la violence, y compris les violences sexuelles. La pauvreté figure dans leurs explications de différentes manières : comme un obstacle aux relations sexuelles, les obligeant à utiliser la force, et comme une source de frustration et de colère qui se manifeste dans un besoin de faire du mal et de détruire »[3]. Dans la section suivante, nous présentons leurs avis et nous problématisons leurs raisonnements.

La pauvreté produit le viol ?

Les soldats expliquent que le manque de salaires et d'argent leur rend impossible de « trouver une femme de la manière normale » (voir la citation ci-après). Selon ce raisonnement, un homme ne peut pas rester sans relations sexuelles pendant une longue période et il est « d'une certaine manière inévitable » qu'un homme auquel on refuse toutes relations sexuelles prenne une femme de force. Quoi qu'il en soit, les soldats distinguent différents « types » de viols : les viols « méchants » et les viols « par envie » (*viol ya posa*). Ce dernier, disent-ils, arrive parce qu'un homme doit relâcher la tension sexuelle. Un colonel explique le viol « par envie » de la manière suivante :

> … c'est un problème de souffrance/de pauvreté (pasi). Un soldat, s'il n'a aucune possibilité, pas d'argent lui permettant de suivre la voie normale… s'il n'a rien dans sa poche, il ne peut pas manger, ni boire son Coca-cola, il n'a rien à donner à une femme, il la prendra de force. Il prendra une femme de force. Les hommes ont des besoins physiques. Il ne peut rester longtemps sans être avec une femme. Il est très difficile de le retenir… Alors un soldat a besoin d'un peu d'argent dans sa poche, et il a besoin de permissions. Si cela se réaliser, cela réduirait beaucoup le nombre de viols.

La plupart des soldats que nous avons interrogés attribuent l'incidence élevée de viols au « problème de la souffrance/la pauvreté » et l'appellent un viol « par envie ». cependant, à l'opposé, un bon nombre parlent également de viols « méchants » (*viol cruel ou viol ya mabe*) comme différents de ce qu'ils estiment être les viols « normaux » décrits ci-dessus.

Ils expliquent que le viol « méchant » naît du sentiment de désengagement qui accompagne le climat de guerre, les frustrations et la pauvreté. Les soldats décrivent ce type de viol comme « méchant » à cause de son niveau de brutalité

---

3. Pour une discussion plus poussée des éléments ci-dessous, voir Eriksson Baaz & Stern, 2008, 2009.

et, ce qui est plus important, à cause des intentions derrière cet acte. Les viols « méchants », expliquent-ils, sont les actes de violences sexuelles particulièrement brutaux, comprenant des mutilations et parfois le meurtre ultérieur des victimes. En outre, les viols « méchants » sont décrits comme n'ayant pas trait à la sexualité mais comme plutôt semblables et liés aux autres violations comme les coups violents, les pillages et les tueries. Alors que les viols « méchants » sont expliqués en termes de « folie de la guerre » et de consommation d'alcool et de drogues, ils sont également présentés comme le résultat d'une frustration et d'une colère liés à leurs conditions de vie. Un soldat explique :

> Vous savez, (le viol) est aussi causé par la souffrance d'avoir faim, de ne rien avoir, de vivre comme des animaux (tozovivre lokola banyama) ... Même les chiens d'ici mangent mieux que nous ! Nous avions faim hier, nous avons faim aujourd'hui et nous aurons faim demain (nzala lobi, nzala lelo, nzala lisusu lobi). Et même lorsque nous avons à manger, il faut voir comment c'est : regardez ! (il montre une assiette avec du fufu foncé au fond). Lorsque nous avons à manger, voici ce qu'on nous donne. Même des cochons n'en voudraient pas. En plus, cette nourriture convient-elle à des soldats au combat, qui ont à marcher de longues distances en portant des armes pesantes ? Cela aussi provoque la colère, et la colère vous fait faire des choses méchantes. Le viol en fait aussi partie. Mais ce n'est pas bien.

Comment pouvons interpréter ce raisonnement ? La situation déplorable des soldats contribue-t-elle réellement au viol, comme ils le prétendent eux-mêmes, et comme plusieurs rapports le supposent ? Le nombre de viols diminuerait-il si les soldats recevaient des salaires réguliers et convenables ?

Commençons par la première affirmation des soldats et des officiers, à savoir que les soldats violent parce qu'ils n'ont pas l'argent nécessaire pour « avoir une femme de la manière normale ». Si c'était vrai, tous les hommes pauvres violeraient, ce qui n'est nettement pas le cas. Ce qui est plus important ici, ce sont les mythes familiers sur l'hétérosexualité mâle, la masculinité, la vie de soldat et la violence reproduits dans le contexte militaire. Nous discuterons cela plus avant dans le chapitre suivant.

Nous suggérons alors que c'est l'idée et l'idéal de la sexualité mâle militarisée exprimés dans la citation ci-dessus (« s'il n'a rien dans sa poche, il la prendra par force... les hommes ont des besoins physiques. Il ne peut pas rester longtemps sans être avec une femme... ») qui contribue à ce type de viol, pas la pauvreté ou la sexualité mâle inhérente elle-même. On pourrait souligner ici que, alors que des idéaux semblables sur la masculinité mâle (c'est-à-dire « les hommes ont des besoins physiques») existent aussi dans les sphères civiles, aussi bien en RDC que dans le monde entier, ces idéaux sont particulièrement forts dans la sphère militaire. En particulier, la description du viol comme inévitable, et comme une conséquence « normale » lorsqu'un homme est privé de relations sexuelles est tout à fait spécifique du contexte militaire. Alors que ce raisonnement peut apparaître au sujet des viols par des civils, elle ne fait pas partie d'un discours normalisé et largement accepté, comme il l'est dans le contexte militaire.

La seconde affirmation, qui dit que les violences sexuelles sont l'une des conséquences de la frustration et de la colère qui apparaissent en partie suite à la pauvreté et aux sentiments d'être négligés et trahis par des supérieurs militaires et qui se manifestent dans un besoin impérieux de faire du mal et de détruire, est probablement plus pertinente. Le sentiment d'être négligés et trahis par les supérieurs militaires et par la hiérarchie militaire en général était très fort dans nos entretiens avec de simples soldats. Ils décrivent leurs supérieurs comme des voleurs corrompus, qui mènent une bonne vie alors que les simples soldats sont laissés à mourir de malnutrition/de faim et de maladie[4]. Les soldats attribuent souvent les versements de salaires irréguliers et absent à la pratique des supérieurs militaires de « manger » (voler) les salaires des soldats. En outre, la plupart affirment que la vie militaire n'est ni ce à quoi ils s'attendaient, ni ce qu'on leur a promis[5].

Ces forts sentiments de frustration, de négligence et de trahison ne jouent pas en faveur de relations bienveillantes entre civils et militaires. Il est raisonnable de supposer que la colère et la frustration contribuent aux abus, y compris les violences sexuelles, spécialement à la lumière de la relation tendue entre les civils et militaires dans un grand nombre de zones de déploiement décrites ci-dessus. Ainsi, la frustration et la colère s'expriment par la violence envers les populations civiles. On pourrait même imaginer que les violences sexuelles envers les civils, malgré les instructions des supérieurs militaires interdisant les violences sexuelles, servent de moyen de résister et de protester contre ce qui est perçu comme une hiérarchie corrompue et traître. Compte tenu de la politique de « tolérance zéro » des violences sexuelles (et des messages répétés aux soldats que le viol est un acte *particulièrement* interdit) et combiné aux efforts récents de renforcer la responsabilité du commandement,

---

4. Voir Eriksson Baaz & Stern 2008.
5. Un bon nombre des nouveaux intégrés (dans les processus antérieurs et dans l'intégration « accélérée » de 2009) nous ont demandé pendant les entretiens s'il leur serait toujours possible de se démobiliser, ou si « cette porte leur était maintenant fermée ».

le viol peut ironiquement et tristement, devenir un outil de résistance efficace et une punition adressée à ceux qui sont tenus responsables, les supérieurs.

En outre, la pauvreté et les conditions sociales effrayantes contribuent certainement aux circonstances et situations dans lesquelles les viols se produisent souvent. À cause des salaires irréguliers et du manque de provisions alimentaires adéquates, etc. les soldats de nombreuses zones sont littéralement forcés de vivre sur la population. En outre, le manque de nourriture ou d'argent entraîne l'insatisfaction et rend plus difficile aux commandants de contrôler leurs troupes. Dans ces circonstances d'extorsion et de pillage, le risque de violences sexuelles augmente. Comme indiqué plut haut, le lien entre le viol et le pillage est bien documenté dans diverses situations de conflit et d'après conflit. Le viol a également aussi fonctionné comme une récompense pour le succès militaire, en tant que « butin de guerre », pour récompenser les soldats (mâles) victorieux par le viol des femmes[6]. Cependant, même dans des contextes indépendants des succès militaires, le pillage et le viol peuvent être considérés comme liés par le fait que les corps des femmes sont représentés symboliquement comme un autre bien à piller/à prendre/à profiter. Nous savons qu'une grande partie des violences sexuelles en RDC est combinée et liée au pillage et au saccage dans des contextes variés : dans les foyers, sur les femmes travaillant dans les champs ou sur leur chemin aller et retour des marchés. Cependant, dans de nombreux cas, le pillage et le saccage en RDC ne sont pas seulement combinés aux violences sexuelles, mais aussi avec d'autres formes de violence comme le meurtre, les coups, les enlèvements, etc. Ainsi, alors qu'il y a un lien entre le pillage et les violences sexuelles, il y a aussi un lien entre les pillages et d'autres violences.

En conclusion, notre recherche indique que tandis que les conditions sociales effrayantes, des salaires faibles et irréguliers et d'autres facteurs contribuent certainement aux violences sexuelles, *il ne semble pas que ces facteurs soient importants en eux-mêmes.* C'est seulement en combinaison avec d'autres facteurs (comme les conduites apprises et la masculinité militarisée, les relations conflictuelles entre civils et militaires) que les salaires faibles et impayés contribuent à la violence physique, y compris les violences sexuelles. Nous supposons donc que des salaires plus élevés et versés régulièrement ne constituent pas à eux seuls des solutions suffisantes.

---

6. Voir Card, 1996.

Normalisation des activités lucratives en dehors de la loi

Étant donné le long processus de normalisation, il n'est pas même certain que des salaires élevés diminueraient fortement des activités lucratives en dehors de la loi, comme les péages illégaux aux barrages routiers, les arrestations arbitraires et le pillage. Sans d'autres mesures, les activités en dehors de la loi pourraient facilement devenir un complément aux salaires réguliers et augmentés. Il faut rappeler que, bien que faibles et déficients, les salaires mensuels sont passés de 2006 à 2009 d'environ 20 dollars US à 50 dollars US, sans diminution visible des niveaux des activités lucratives en dehors de la loi. Cela pourrait, bien sûr, être attribué à la poursuite des irrégularités de versements et au fait que les niveaux de salaire sont encore trop faibles pour entretenir une famille. Dans un communiqué de presse du projet Enough sur les coûts civils des opérations militaires de Kimia II, on conclut que « même lorsque les unités sont payées, il ne suffit pas d'augmenter les salaires pour décourager le pillage. Les unités intégrées participant à Kimia II qui ont été payées de leurs salaires de 50 dollars par mois continuent à s'attaquer à la population qu'elles sont supposées protéger »[7].

La question qui se pose alors est la suivante : quel niveau de salaires pourrait avoir un effet de découragement au pillage ? Ou plutôt, les niveaux de salaire à eux seuls pourraient-ils dissuader les gens de s'engager dans le pillage et la corruption ? Les leçons apprises dans le monde entier montrent que les niveaux de salaires en eux-mêmes ne parviennent jamais à dissuader leur implication dans des activités économiques illégales. Plutôt, ce qui est important dans les conséquences potentielles, légales, mais aussi sociales, par des mécanismes de honte pour les gens pris dans ces activités. En RDC, ces conséquences sont minimales. Le cadre légal rend difficile de combattre la corruption. En conséquence, les auteurs de ces violations, s'ils sont pris, sont, au pire, licenciés et sont libres de démissionner avec les ressources acquises. En outre, la honte liée à la corruption est très faible. À la place, la corruption endémique et la politique du « *débrouillez-vous* » de l'époque de Mobutu ont créé une situation dans laquelle « manger sur son travail » est considéré comme normal et où les gens ne tirent pas d'avantages des possibilités offertes sont souvent considérés comme « stupides (njuma) »[8].

---

7. Projet Enough, 2009.
8. Certes, la RDC est souvent présentée comme le premier exemple de l'implication et de la normalisation des activités hors de la légalité par son tristement célèbre Article 15 et la politique du « débrouillez-vous » légalisée par l'État pendant la période Mobutu (voir MacGaffey & Bazenguissa-Ganga, 2002 ; Biyaya, 1995 ;

Comme nous l'avons noté, les forces armées, comme toutes les institutions d'État, sont ancrées, reflètent et reproduisent les structures du pouvoir et leurs mécanismes dans la société en général. Ainsi, ce type d'activités lucratives hors de la légalité liées à l'emploi n'est pas seulement lié aux forces armées. La plupart des agents de l'état ont recours depuis longtemps aux activités inofficielles et hors de la légalité liées à leur position[9]. Il est généralement accepté que les occasions lucratives liées au statut professionnel d'une personne sont les raisons principales pour lesquelles les gens recherchent ces postes, et non le salaire en lui-même. Chaque poste de l'État a son propre répertoire de solutions lucratives hors de la légalité. Pour le personnel de la sécurité, ce répertoire comprenait d'assurer la sécurité de particuliers, imposer des péages aux barrages routiers, les arrestations arbitraires pour soutirer des rançons, ou tout simplement demander des « contributions » à la population sur la base de l'affirmation que « les civils sont le champ de blé de l'armée ». Le répertoire de la sécurité en possibilités lucratives est particulièrement problématique comparé à ceux des autres agents de l'État, simplement à cause de leurs liens évidents à la violence (et à la culture qui célèbre indéniablement cette violence).

L'impunité

Le problème de l'impunité des personnels militaires qui ont commis des violences sexuelles en RDC a été traité dans de nombreux rapports[10]. Le présent rapport n'analyse pas la situation en termes de niveaux d'impunité. À la place, nous nous basons sur les entretiens, nous discutons des résultats possibles de la fin ou de la limitation de l'impunité en termes de prévention des violences sexuelles et, plus généralement, de la violence. En outre, il faut rappeler que

---

Villers, 2002 ; Lemarchand, 2002). À l'origine, la signification de la débrouillardise provient de la légalisation des pratiques illégales d'extraction artisanale de diamants après la sécession du Sud-Kassaï dans les années 1960. Comme l'État n'avait pas de budget, son chef, Albert Kalondji, a décrété le « débrouillez-vous » comme l'Article 15 de la constitution du territoire de Luba-Kassaï, y compris le territoire de la Minière de Bakwanga (MIBA), libéralisant ainsi l'industrie du diamant (voir MacGaffey & Bazenguissa-Ganga, 2002 & Biyaya, 1995). Cet ordre simple : « débrouillez-vous », a été par la suite donné à toute la nation par le président Mobutu, et il a ensuite été associé à toutes les activités hors de la légalité : corruption, vol, contrebande, détournement de fonds, et ainsi de suite (voir de Villers, 2002 ; MacGaffey & Bazenguissa-Ganga, 2002).

9. Voir Trefon, 2009.
10. Voir, Davies, 2009 ; Amnesty International, 2008 ; Human Rights Watch, 2002, 2005, 2009 ; Feely & Thomas-Jensen, 2008.

l'impunité est la règle, non seulement en liaison avec les violences sexuelles, mais tout autant (et peut-être plus) avec les autres violences commises par le personnel de sécurité de l'État. Le fait que nous ayons mené des recherches pendant une période pendant laquelle il y a eu un léger progrès dans le nombre de condamnations *et* les entretiens effectués sur différents sites, dans des zones où il n'y a eu aucune condamnation, ainsi que dans des zones où il y a en a eu quelques-unes, nous permet d'identifier des différences sur la manière dont les soldats raisonnent sur les violences sexuelles et les punitions/l'impunité[11].

Manque de mécanismes de contrôle

Le manque de mécanismes efficaces dans le processus d'intégration militaire pour identifier et exclure les combattants et les soldats qui ont commis des violations graves des droits de l'homme est l'un des aspects du climat général d'impunité[12]. Comme nous l'avons conclu auparavant, l'intégration militaire s'est caractérisée par une « politique de générosité » qui a également été étendue aux combattants ayant un dossier de violations graves des droits de l'homme[13]. Cette incorporation sans discrimination a certainement produit un impact particulièrement négatif en termes de poursuite des violences contre les civils. Le fait de conserver des personnes ayant un passé négatif en ce qui concerne les droits de l'homme, surtout à de hauts niveaux du commandement, augmente la probabilité de la poursuite de la violence, puisqu'ils sont plus susceptibles de commettre ou d'ordonner à nouveau ce type d'infractions et moins susceptibles de punir leurs subordonnés qui s'en rendent coupables.

En outre, ce qui est important, ces politiques émettent un message qui est nuisible aux normes et aux valeurs véhiculées par la formation militaire. Pour

---

11. Ce projet de recherche a couvert une période assez étendue (entre 2006 et 2009). Pendant cette période, les mêmes progrès, quoique limités, ont été faits en termes de justice militaire et du nombre de militaires condamnés pour violences sexuelles. Tandis que les condamnations sont encore très rares par rapport au nombre de cas rapportés (et alors que les infractions criminelles commises par des officiers de haut grade, y compris ceux qui sont liés à leurs responsabilités de commandement, font rarement l'objet d'enquêtes par des procureurs militaires), un certain nombre de soldats des forces armées ont été condamnés, particulièrement depuis le début de 2008. Selon Human Rights Watch (2009), 27 soldats ont été condamnés pour violences sexuelles en 2008. Toutefois, des sources de la MONUC suggèrent que le nombre est plus élevé.
12. Voir Davies, 2009 ; Amnesty International, 2008 ; Human Rights Watch, 2002, 2005, 2009 ; Feely & Thomas-Jensen, 2008.
13. Ibid.

cette raison, nous avertissons du danger qu'il y a à trop insister sur la formation concernant les droits de l'homme et la loi humanitaire internationale comme l'une des solutions clés. Notre recherche suggère que, à moins d'accompagner la formation d'un changement systémique comprenant également un changement important en terme d'impunité et de contrôle, nous affirmons que la formation ne changera pas le niveau actuellement élevé des violations des droits de l'homme. Tous les soldats interrogés, y compris ceux qui ont été intégrés lors du programme accéléré et qui n'ont reçu aucune formation du tout (excepté la formation sur les sites de déploiement par de nouveaux commandants), savent que les violences sexuelles sont interdites par la loi et le code militaires. Le problème n'est pas que les soldats n'en sont pas conscients ou vivent dans un vide moral. Il réside plutôt dans le défaut d'application du règlement militaire et des cadres légaux. Les exemples de soldats recevant une formation, y compris sur les droits de l'homme, et commettant par la suite des violations massives des droits de l'homme sont légion[14].

Réflexions des soldats sur l'impunité

Les soldats et les officiers interrogés sont d'accord avec la communauté internationale sur le besoin de sanctions et soutiennent qu'ils sont contre l'impunité en tant que mesure principale de prévention. Dans tous les entretiens, nous avons demandé aux soldats d'identifier les mesures nécessaires pour arrêter ou entraver les violences sexuelles. Ils suggèrent l'instauration de sanctions sévères comme la mesure la plus pressante, suivie d'une formation (cette mesure venant souvent au second rang d'importance pour les anciens des FAC) et l'amélioration des conditions de vie (qui vient souvent en troisième place). Dans tous les contextes d'entretiens, les soldats soulignent qu'une sanction adéquate pour les crimes qu'eux et leurs collègues ont commis serait la seule manière de les faire cesser. Le plus souvent, ils associent le besoin de sanction à un besoin général d'ordre et de discipline[15]. Certes, le fait d'instaurer des punitions sévères, impliquant de préférence une humiliation publique, est une recommandation récurrente des soldats. Deux sergents interrogés au début de notre projet de recherche, en 2006, font les recommandations suivantes.

> *Sergent A :* Pour diminuer (les viols) il faut des sanctions, il faut des sanctions sévères... et des procès publics. Si un soldat de Zeta (camp militaire de Kins-

---

14. Un rapport présente l'exemple de la première brigade intégrée qui, après avoir été formée par les Belges, y compris sur les droits de l'homme, « s'est ensuite déchaînée dans les Kivus, violant, tuant et pillant » (Davies 2009).
15. Voir Eriksson Baaz & Stern, 2008 pour une analyse plus poussée.

hasa) viole une femme, il faut le juger là-bas. Il faut l'expulser de l'armée là-bas, lui enlever son uniforme, le mettre dans un autocar (pour le faire partir) et tout le monde devrait être là à regarder.
Sergent B : Cela donnera une leçon à tous les gens qui le regardent.
Sergent A : Oui, il faut des procès publics. « Aujourd'hui, c'est le procès du caporal X », (ils devraient lui dire) « Savez-vous que vous avez pris par force la femme de quelqu'un [ozwaki mwasi ya batu na makasi]? « Oui, mon commandant, je le sais (répond-il). « Savez-vous que c'est interdit par la loi ? » « Oui, je le sais ». « Bon, nous vous condamnons à mort ».
Maria : Mais c'est peut-être un peu sévère ?
Sergent A : (Il rit) C'est juste un exemple. Même cinquante ans ou cinq ans. Sa femme commencera à pleurer, ses enfants commenceront à pleurer : « Oh papa ». Alors, les autres gens qui regardent comprendront, ils commenceront à avoir peur : « Ah, alors c'est comme ça ! »
Sergent B, : Mais il faut aussi que la sanction soit sévère, même 20 ans. Comme cela, les gens auront peur.

Comme l'illustre cet extrait, les soldats soulignent l'importance de sanctions sévères (longues peines de prison ou peine de mort)[16]. Cependant, ils soulignent tout autant les procès publics de honte : procès publics et honte (y compris l'enlèvement obligatoire de l'uniforme militaire et des insignes devant les collègues militaires) sont pour eux une partie décisive du processus judiciaire.

Sous cet aspect, nous souhaitons souligner que des procès de la honte similaires sont utilisés en liaison avec les violences sexuelles et d'autres abus/crimes (en particulier, semble-t-il, le vol), assortis de châtiments corporels et de honte au lieu de procédures légales formelles et de condamnations à des peines de prison. Nos entretiens, en outre des témoignages de survivants, attestent que ces types de punition sont utilisés lorsqu'un soldat ayant commis un viol est arrêté. Ainsi, alors que ces procédures éludent clairement le processus légal formel, qui exige que tous les cas de violence sexuelle soient formellement poursuivis dans le système légal, elles montrent que les violences sexuelles ne sont pas totalement impunies dans l'armée. D'autres punitions, quoique illégales, sont appliquées par les commandants militaires pour punir et faire des soldats des exemples.

---

16. Spécialement dans les entretiens effectués en 2008-2009, un grand nombre de soldats recommande la peine de mort, invoquant que les peines de prison sont rarement efficaces, à cause du système légal et pénal corrompu (les condamnés s'échappaient ou payaient des pots-de-vin pour sortir de prison) et que les sentences de prison ont pour cela perdu de leur valeur dissuasive.

Perceptions modifiées par l'augmentation des condamnations

Comme nous le notons plus haut, notre expérience variée de la recherche nous permet d'identifier des différences dans la manière dont les soldats raisonnent sur les violences sexuelles et l'impunité dans différents contextes. La manière dont ils parlent de châtiments et de répercussions légales est très différente dans les zones où les condamnations apparaissent, comparées aux zones avec un moins grand nombre de condamnations, et en termes de leur connaissance ou non des condamnations réelles pour les crimes de violences sexuelles.

Lorsque nos recherches ont commencé en 2006, l'impunité était presque totale. La déclaration précédente était seulement une recommandation, et ce qu'elle décrivait n'avait pas encore été mis en pratique. Tandis que la plupart des soldats conviennent que les violences sexuelles sont moralement mauvaises et contraires au règlement militaire, ils n'ont jamais soulevé la question des châtiments légaux possibles sous l'aspect de ce qui se passait déjà en termes de condamnation. Les entretiens récents effectués en 2009, spécialement au Nord Kivu, démontrent une compréhension dramatiquement différente sur les répercussions légales possibles des violences sexuelles. En outre, ce qui est important, la plupart des soldats eux-mêmes ont soulevé la question des conséquences légales, souvent immédiatement après que la question des violences sexuelles ait été évoquée.

Juste avant l'une des visites de terrain effectuées en septembre 2009 à Rutshuru, au Nord Kivu, un lieutenant-colonel et un major avaient été condamnés à dix ans pour le viol de jeunes femmes[17]. Ce cas avait été évoqué et discuté spontanément par les soldats eux-mêmes. En outre, les soldats du Nord-Kivu ont témoigné en 2009 d'une certaine réticence et d'une grande crainte lorsque la question des viols a été abordée. En revanche, les violences sexuelles ont été discutées ouvertement et librement par les soldats et sans crainte évidente des répercussions possibles de ce qu'ils disent lors des phases antérieures de notre recherche, en 2006 et en 2007, ou dans des zones où les soldats n'avaient aucune connaissance de condamnations. Avant que les soldats du Nord-Kivu ne commencent à parler plus librement, il nous a été nécessaire d'insister sur notre promesse d'anonymat totale et que le but de notre recherche n'était pas d'identifier les violeurs, mais d'écouter les opinions des soldats sur un plan général. En outre, et à la différence des autres contextes, les soldats ont semblé

---

17. http://www.radiookapi.net/index.php?i=53&a=24101 Le lieutenant-colonel a toutefois été jugé par défaut, car il s'était échappé de sa garde à vue quelques jours après son arrestation.

ressentir le besoin de faire preuve d'une attitude correcte et de leur connaissance des conséquences légales du viol.

Le fait que les soldats aient plus peur et soient plus conscients des conséquences légales du viol ne sont pas nécessairement la preuve de l'efficacité de la punition comme mesure préventive. Le fait que les gens soient conscients et craignent les conséquences d'un crime ne les empêche pas nécessairement d'être enclins à commettre l'acte. Puisqu'un grand nombre de facteurs sont en jeu, les sanctions seules ne diminuent pas ni ne dissuadent de commettre les crimes. Cependant, des conséquences directes des actions contribuent effectivement à modifier diverses notions sédimentées de ce qui est considéré comme une conduite acceptable ou « normale », ce qui fait évoluer les cultures de la violence et de l'impunité. Ainsi, sur le fond de l'impunité totale préexistante, qui avait contribué à la normalisation des violences sexuelles, le renforcement de la crainte et de la conscience de possibles implications dans le temps et dans les zones où les condamnations sont plus nombreuses, devrait être considéré comme une évidence du rôle que joue une justice militaire efficace pour la prévention et l'évolution (spécialement lors qu'elle est complétée par la « honte positive »). Ces mesures sont certainement renforcées lorsqu'elles sont combinées avec des efforts pour améliorer le commandement et construire des relations positives aussi bien au sein des forces armées qu'entre l'armée et la population civile. En outre, la législation et l'application de structures légales sont centrales, car elles expriment et produisent les normes d'une société.

Dans le même temps, la corruption réelle (et imaginaire)[18] au sein du système de justice militaire sape les effets potentiels de dissuasion produits par les condamnations. Le niveau de confiance dans la justice militaire parmi les soldats, en particulier dans les zones où il y a beaucoup de condamnations, est très faible. Les membres de la justice militaire sont souvent présentés comme corrompus lors de nos entretiens. Comme nous le développerons au chapitre 5, de nombreux soldats parlent de la commercialisation des allégations de viol, disant que c'est devenu une idée commerciale, impliquant aussi bien les familles des victimes supposées que le personnel de la justice militaire. Si la

---

18. L'insertion de cette parenthèse concernant la corruption imaginaire pour souligner un autre point important qui est le manque de confiance endémique et normalisé. Alors que la corruption dans le système judiciaire de la RDC (ainsi que dans d'autres régions) est réelle, la méfiance généralisée générée par des décennies de mauvaise gestion et de corruption a créé une suspicion habituelle des autorités. Cette méfiance constituera un problème en elle-même, même si des changements majeurs interviennent vers un système judiciaire indépendant et intègre. Le retour de la confiance exigera indubitablement une longue période.

croyance (et la réalité) sont que le système de justice militaire est arbitraire, les condamnations perdent de leur fonction de dissuasion. Au lieu de cela, cette situation peut être supposée alimenter l'insatisfaction générale et les sentiments de trahison évoqués plus haut, une circonstance peu favorable aux efforts de réduction des violences envers les populations civiles.

4. Sexualite, genre : silences et echecs

Dans ce chapitre, nous traitons deux aspects connectés spécifiquement à la question du genre et des identités sexuelles. Le premier évoque l'invisibilité des hommes et des garçons en tant que survivants des violences sexuelles. Nous prétendons que ce silence a plusieurs conséquences problématiques. Avant tout, il alimente la persistance des cycles de violence. Dans la seconde partie, nous abordons les idéaux de masculinité et de sexualité et comment ces derniers ouvrent la porte à la violence, y compris les violences sexuelles. Cependant, avant de le faire, nous discutons de l'importance des idéologies et des stéréotypes genre pour la logique des violences sexuelles dans les contextes conflictuels.

Idéologies du genre et inégalités de pouvoir

Dans les situations de conflit, le viol est un outil efficace d'humiliation et d'intimidation (qu'il soit ou non utilisé stratégiquement dans des objectifs ultérieurs militaires ou politiques). Le pouvoir du viol dépend en partie du fonctionnement des idéologies du genre : par exemple, certains stéréotypes du genre prennent vie par l'acte de viol. Par exemple, la « féminité » est associée à un besoin de protection, de tranquillité et de don de la vie, au contraire de la « masculinité » supposée qui est de protéger, de faire la guerre et de tuer[1]. De telles associations rendent les femmes/les filles particulièrement vulnérables aux logiques de viol dans les situations de conflit et d'après-conflit. Le viol humilie (féminise) l'ennemi, ou bien (comme c'est souvent le cas en RDC) d'autres hommes en souillant « leurs » femmes (leur nation/leur patrie), et en leur prouvant qu'ils sont des protecteurs insuffisants.

En outre, les conceptualisations de la féminité idéale, qui lient la féminité à la chasteté et à la virginité (au contraire des idéaux liés à la masculinité et la sexualité, voir ci-après) jouent également un rôle particulièrement important. Ces idéaux ajoutent à l'efficacité du viol comme acte d'humiliation et de destruction, puisque les violences sexuelles « souillent » les femmes et les rendent apparemment impropres à tout mariage présent ou futur et à toute relation amoureuse. Comme nous l'avons vu en RDC, plusieurs viols ont pour résultat

---

1. Voir Enloe, 1990, 2000, 2007 ; Goldstein, 2001 ; Connell, 1995 ; Higate & Hopton, 2005 ; Eriksson Baaz & Stern, 2009 ; Stern & Nystrand, 2006 ; Stern & Zalewski, 2009.

que la femme violée est rejetée par son époux/sa famille, ou qu'elle n'est pas bonne à marier (spécialement au début du conflit).

De cette manière, les idéaux liant la féminité à la chasteté ajoutent à la vulnérabilité des femmes violées.

Même en temps de paix, ces idéologies du genre sont évidemment liées aux relations de pouvoir inégales entre les sexes, ainsi qu'aux violences sexuelles. Les inégalités de pouvoir entre les sexes sont ancrées dans la production et la reproduction de normes du genre, qui règlent la personnalité et le comportement des « femmes bien et des hommes bien ». Ces normes sont produites et reproduites à différents niveaux de la société : dans la vie quotidienne (par exemple dans le ménage, dans la culture populaire), par des interventions internationales et par le systeme judiciare (c'est-à-dire que l'impunité pour les violences sexuelles cimente l'idée qu'une femme n'a pas de droits sur son corps ; le déficit de représentation féminine dans les organes politiques reproduit l'idée que les femmes ne sont pas faites pour la politique, etc.)[2]. Ainsi, les violences sexuelles sont liées aux idéologies du genre de temps de paix et aux relations de pouvoir genre . Comme nous le prétendons dans la suite de la présente section, l'un des problèmes des rapports actuels décrivant les violences sexuelles en RDC est qu'ils reproduisent et renforcent les inégalités de pouvoir et les stéréotypes du genre.

Cependant, il faut reconnaître que de nombreux autres facteurs, comme nous le démontrons dans ce rapport, sont en jeu dans les contextes de conflit et d'après conflit, ce qui jette un doute sur les explications simplistes des viols en temps de guerre comme des conséquences des inégalités du genre. Ici, le viol doit également être pris dans les formes extrêmes de violences commises contre les hommes civils (voir ci-dessous). Alors que la violence contre les femmes sous la forme de viol en contexte conflictuel est liée à certaines conceptualisations de la féminité et de la masculinité qui soutiennent aussi les inégalités du genre en temps de paix, le problème des viols en temps de guerre ne peut être réduit aux inégalités de sexe dans la société. Il faut le comprendre en relation avec les efforts généraux (stratégiques ou non) d'humilier, de punir et d'intimider les populations civiles, aussi bien les hommes que les femmes. En outre, dans ce contexte, *il faut souligner que les femmes civiles sont également soumises à d'autres formes de violences en situation de conflit.*[3]

---

2. Pour une analyse des idéologies sexuelles en RDC, voir, par exemple, Gouzou, Eriksson Baaz & Olsson, 2009.
3. Voir Utas, 2005b qui en fait une analyse dans le contexte du Libéria.

Comme nous l'avons affirmé ailleurs[4], les viols commis en RDC pendant les conflits ne peuvent être expliqués comme reflétant soit des inégalités particulièrement prononcées entre les sexes, soit une prédominance particulièrement élevée des violences sexuelles avant la guerre. Il est certain que les violences sexuelles constituaient un problème en RDC avant la guerre, comme dans toutes les sociétés. Cependant, il n'y a rien qui suggère que les violences sexuelles aient été particulièrement graves en RDC avant la guerre. La plupart des organisations de droits des femmes que nous avons consultées attribuent l'endémie de violences sexuelles au conflit armé. En outre, elles citent la désintégration des autorités traditionnelles et des structures communales suivant l'éclatement de la guerre comme contribuant aux niveaux élevés de violence sexuelle. Alors que la plupart des cas de viol avant la guerre, tout comme maintenant, n'ont jamais été jusqu'aux tribunaux, le viol a été, selon ces organisations non gouvernementale locales, considéré comme un crime grave dans la plupart des régions du pays. Le crime de viol était considéré comme une attaque pas seulement (ou même primairement) contre la femme ou la fille prises individuellement, mais contre la famille et la communauté (si son auteur n'en faisait pas partie) et il était puni de différentes manières (compensation et procès de la honte). Après l'éclatement de la guerre, ces systèmes judiciaires locaux ont perdu de leur importance et ont été remplacés par une impunité totale à tous les niveaux, ce qui, comme nous l'avons noté auparavant, contribue aussi à la normalisation des violences sexuelles dans les communautés. Comme cela a été prouvé dans d'autres ouvrages, les violences sexuelles sont maintenant de plus en plus souvent commises par des civils[5].

Invisibilité des hommes et des garçons comme survivants de la violence

Comme nous l'avons discuté dans l'introduction, le scénario des violences basées sur le genre (VBG) dans la RDC a entraîné une compréhension limitée de genre, et une confusion entre les sexe et le genre. On reste concentré sur les femmes/les filles comme victimes/survivantes et sur les hommes/les garçons comme auteurs, ce qui cache les nombreuses manières dont les périodes de guerre qui ont généré la violence affectent également les hommes et les garçons. L'un des problèmes causés par la concentration exclusive sur les violences sexuelles est qu'elle a tendance à minimiser les manières dont les violences

---

4. Voir Eriksson Baaz & Stern 2009.
5. Voir Ertürk, 2008.

sexuelles ne sont pas seulement (pas simplement), comme on le suggère parfois, une guerre contre les femmes ou un « modèle systématique de destruction de l'espèce féminine »[6].

Comme il est souligné ci-dessus, le viol est, sur le plan général, un outil efficace d'humiliation et d'intimidation, juste parce qu'il n'est pas seulement un acte de violence contre la femme violée, mais aussi contre les membres mâles de la famille. Par l'intermédiaire de certains idéaux du genre qui dominent dans la plupart des sociétés, le viol en temps de guerre est un moyen particulièrement efficace pour humilier (féminiser) l'ennemi, ou simplement d'autres hommes[7]. Ainsi, même lorsque les hommes/les garçons ne sont pas visés directement, la logique du viol en tant qu'arme de guerre repose aussi sur ses conséquences pour les hommes et les garçons. Toutefois, les hommes et les garçons sont également la cible directe de violences sexuelles, et c'est à cela que nous arrivons maintenant.

Les hommes et les garçons comme (non) survivants des violences sexuelles

Il est difficile de faire une estimation de la fréquence avec laquelle les hommes sont violés à cause des énormes stigmates laissés par les abus sexuels des mâles et la réticence qui en découle à relater ce type de viols. Il n'en est pas moins clair que des hommes se font violer en RDC, comme dans d'autres conflits[8], mais ce n'est que récemment que ces violences ont été notées[9]. Le pourcentage le plus élevé de violences sexuelles que les cliniques médico-légales rapportent traiter est de 6 %[10] ; alors que les cliniques médico-légales rapportent un taux de 10 %[11], mais les véritables niveaux sont probablement beaucoup plus élevés. Les stigmates liés au viol des hommes sont souvent particulièrement forts par suite de la forte incohérence entre masculinité et victimité. Être victime, en particulier de violences sexuelles, symbolise une « masculinité ratée » qui

---

6. Voir Ertürk, 2008 ; Tosh & Chazan, 2008 ; Eve Ensler dans un entretien avec Michele Kort, consultable sur http://www.pbs.org/pov/lumo/special_ensler.php.
7. Voir Enloe 1990, 2000, 2007 ; Goldstein, 2001 ; Connell, 1995 ; Higate & Hopton, 2005 ; Eriksson Baaz & Stern 2009 ; Stern & Nystrand, 2006 ; Stern & Zalewski, 2009.
8. Voir Sivakumaran, 2007, 2008 ; Lewis, 2009.
9. Voir Human Rights Watch, décembre 2009, p. 92 ; Horwood, 2007 ; entretiens avec des représentants d'organisations locales du Sud-Kivu.
10. Rapporté par by Médecins sans Frontières, voir Thomsen, 2009.
11. Rapporté par l'American Bar Association North Kivu. Voir U.S. Department of State, 2010.

occupe une position de faiblesse associée à la féminité. En outre, les stigmates sont encore exacerbés du fait que le viol des hommes a tendance à entraîner l'imputation d'une identité homosexuelle à la victime[12].

En outre, ce qui est important, les témoignages de viols en RDC attirent l'attention sur les nombreuses autres manières dont les hommes et les garçons sont les survivants des violences sexuelles :

- les hommes civils obligés à des rapports sexuels avec les membres de leur famille (filles, mères, épouses) en public (s'ils refusent, ils sont alors punis, souvent de mort) ;
- les hommes et les garçons obligés de regarder les viols brutaux des membres de leur famille ;
- les hommes et les garçons forcés ou soumis à des actes sexuels violents et humiliants (par exemple de se masturber ou de commettre des actes sexuels avec des objets en public, d'être tirés avec une corde nouée sur leur pénis ou leurs testicules, etc.)[13].

Quelques rapports mentionnent que les hommes et les garçons sont affectés par les violences sexuelles. Le Rapporteur Spécial de l'ONU sur les violences contre les femmes affirme, par exemple : « les femmes sont brutalement violées en groupe, souvent en présence de leurs familles et de leurs communautés. Dans de nombreux cas, les hommes sont forcés, menacés par des armes, de violer leurs propres filles, leurs mères et leurs sœurs »[14]. Cependant, comme c'est souvent le cas, les conséquences pour les victimes masculines forcées à violer ne sont pas commentées plus avant, et seules les femmes violées sont mentionnées dans les discussions concernant les réparations, la compensation et la justice. Les violences sexuelles sont toujours présentées comme une « guerre contre les femmes ».

Conséquences de l'invisibilité

Les rapports de ce type enracinent encore plus les distinctions simplistes faites entre hommes (auteurs) et femmes (victimes). Comme il est noté ci-dessus dans le scénario de la violence dans la guerre en RDC, la distribution des rôles a été tout à fait claire : le rôle du méchant coupable est joué par l'homme en

---

12. Voir Lewis, 2009 ; Sivakumaran, 2007, 2008.
13. Pour les témoignages sur ces derniers faits, voir Lewis 2009 ; Human Rights Watch, décembre 2009.
14. Ertürk 2008, p. 7.

uniforme et le rôle de la victime/du survivant est joué par les femmes/les filles, en particulier les filles/les femmes violées. Les hommes et les garçons ont généralement été rendus invisibles comme victimes de violence dans les rapports et les documents politiques des organisations internationales. Alors que les femmes et les filles sont indiscutablement les principales survivantes des viols en RDC, les hommes et les garçons sont plus vulnérables à d'« autres violences » comme le recrutement forcé dans des groupes armés, les exécutions, les arrestations arbitraires et la torture. Puisqu'un grand nombre de ces crimes a pour victimes des hommes et des garçons (en particulier le recrutement forcé), parce qu'ils sont des hommes et des garçons, il faut reconnaître que cette violence est également *basé sur le genre*.

Comme nous l'avons noté précédemment, un problème évident causé par la concentration sur les femmes/les filles et les violences sexuelles est *qu'elle néglige les droits et les besoins légitimes des hommes et des garçons en tant que survivants de la violence, y compris les violences sexuelles*. Il faut reconnaître que les hommes et les garçons sont également victimes/survivants, de manière variée, de la violence sexuelle. Seuls les hommes et les garçons (et cela n'a que récemment été évoqué) qui ont été violés sont reconnus comme victimes/survivants ayant droit à une compensation et une réparation. Cependant, les nombreux hommes et garçons touchés d'autres manières sont négligés. L'homme forcé à violer sa fille (ou sévèrement battu pour refuser de le faire) a aussi le droit à la réhabilitation et à la compensation, tout comme une famille dont l'homme a été tué. De même pour l'enfant-soldat qui a été obligé de violer. Et aussi les nombreux hommes et garçons forcés à assister à des viols brutaux des membres féminins des familles, qui ont des droits et des besoins, ainsi que, ce qui est plus controversé, ceux qui ont appris la violence en tant qu'enfants-soldats et qui violent sans y être directement forcés[15]. La négligence des droits des hommes et des garçons en rapport avec les violences sexuelles n'est pas unique à la RDC. Comme l'a montré Lewis, les instruments légaux internationaux ont été développés d'une manière qui exclut souvent les hommes en tant que classe de survivants des violences sexuelles dans les conflits armés[16].

Le fait de reconnaître de quelle manière les hommes et les garçons sont également victimes de violences sexuelles pourrait renforcer les efforts de lutte contre les violences sexuelles envers les femmes. *Les rapports actuels concernant*

---

15. D'intéressantes réflexions sur le problème de la justice concernant les anciens enfants-soldats se trouvent dans la discussion sur le cas de Dominic Ongwen dans l'Armée de Résistance du Seigneur (LRA) (Baines, 2009).
16. Lewis, 2009.

les viols en RDC sont problématiques car ils tendent à renforcer les inégalités de pouvoir et les stéréotypes du genre. Les stéréotypes du genre à la base des inégalités de pouvoir sont souvent fondés sur une conception de la masculinité comme représentant le pouvoir et le contrôle, y compris la capacité de l'homme de défendre non seulement sa famille, mais aussi lui-même, en particulier contre les attaques physiques. C'est l'une des raisons pour lesquelles les victimes/survivants mâles font preuve d'une plus grande réticence à rapporter les violences physiques. Comme noté plus haut, le fait d'être une victime symbolise la masculinité « ratée » et place la personne dans une position de faiblesse associée à la féminité (et à une masculinité subalterne, comme l'homosexualité)[17]. Ces stéréotypes ont été fortement reproduits dans les rapports concernant la violence en RDC. Alors que les femmes sont stigmatisées et victimisées, les hommes apparaissent encore dans une position de pouvoir, qu'ils en soient les auteurs ou qu'ils rejettent « leur » femme violée, et, dans ces rapports, ils demeurent intacts et non souillés par la victimité, les stigmates et la honte des violences sexuelles. Ce type de représentation – en dehors du fait d'être inexact, ne peut qu'entraver la lutte menée contre les violences envers les femmes.

Enfin, ce qui est important, *le fait de ne pas reconnaître les droits et les besoins des hommes et des garçons liés à une expérience violente et à une masculinité accomplie se manifesteront certainement dans une persistance des cycles de la violence.* Les combattants (et les autres) qui ont expérimenté des traumatismes et des humiliations en étant soumis eux-mêmes à la violence ou qui ont été forcés ou encouragés à infliger des violences à d'autres, ont tendance à être plus enclins, à court terme et à défaut de contre-mesures, à commettre de nouveaux actes de violence[18]. Ceci est particulièrement le cas des enfants soldats intégrés dans l'armée nationale et la police.

En contraste avec les anciens enfants soldats, dont les besoins sont reconnus tout au moins à titre de diversion (la démobilisation signifiant un mouvement de diversion vers le camp des victimes/des survivants), ceux qui sont intégrés dans l'armée sont placés par défaut dans la catégorie des « auteurs » et perdent ainsi leurs droits à réparation, à réhabilitation et à compensation. À la différence des soldats démobilisés, ceux réintégrés dans l'armée ne reçoivent aucune réhabilitation du tout. Cette négligence contribue certainement aux violences commises par l'armée. Les niveaux croissants de violences sexuelles commis par des civils dans les récentes années sont souvent attribués à une augmen-

---

17. Voir Sivakumaran 2007, 2008 ; Stanka & Habdell, 1993.
18. Voir Harwaad, 2007.

tation des combattants démobilisés[19] (dont un bon nombre ont été recrutés mineurs) réintégrés dans des communautés sans réhabilitation adéquate. De manière similaire, on manque de programmes et d'initiatives dans les processus de réforme des secteurs de sécurité répondant aux besoins particuliers et aux circonstances d'anciens combattants (mineurs en particulier) qui ont été exposés et forcés à commettre des formes extrêmes de violences (sexuelles et autres) sur des civils. Une partie des violences commises par des membres de l'armée doit certainement être imputée à ce manque. Actuellement, la seule manière dont on approche cette question est (au mieux) par « les nouveaux ordres » que le viol est interdit (voir plus bas). Alors que ces « nouveaux ordres » et les efforts sont louables et importants, ils sont loin d'être suffisants pour rompre les modèles de comportements violents appris, en particulier dans le présent contexte de conflits et de structures de commandement obscures.

Masculinité militarisée et sexualité

Comme expliqué plus haut, les soldats eux-mêmes citent la pauvreté comme la raison principale des viols. Selon ce raisonnement, il est « d'une certaine manière inévitable » qu'un homme, auquel on « refuse » toutes relations sexuelles par manque de moyens financiers ou autres, commette éventuellement un viol.

Ce raisonnement est un écho familier des mythes sur l'hétérosexualité masculine, sur la masculinité, le fait d'être soldat, et la violence reproduite dans les contextes militaires. Les militaires congolais célèbrent certains idéaux de masculinité macho hétérosexuelle. La libido d'un soldat (mâle) est sous-entendue comme une force naturelle formidable, qui exige au bout du compte la satisfaction sexuelle par les femmes. Des descriptions similaires de la masculinité peuvent être trouvées dans la plupart des autres institutions militaires du monde entier. Par exemple, les besoins sexuels des hommes sont souvent présentés comme les raisons pour le besoin de repos et de récupération réguliers (également pour réduire le risque d'actes sexuels supposés nocifs pour la santé). Les bordels de l'armée ont également servi fréquemment, surtout pendant la seconde guerre mondiale. Les réseaux de prostitution qui entourent notoirement les bases militaires, y compris les forces mondiales de l'ONU du monde entier comme la MONUC, sont un autre exemple de ce phénomène[20].

---
19. Voir Ertürk, 2008 ; Human Rights Watch, juillet 2009.
20. Enloe, 2007 ; Higate 2004 et 2007 ; Human Rights Watch, 2004.

Selon cet idéal, la masculinité est étroitement liée à la virilité et à la puissance sexuelle. Le fait de maintenir des relations sexuelles multiples et de faire étalage de la puissance sexuelle devient une voie centrale pour réaliser la masculinité désirée. Ces éléments ressortent clairement des entretiens, comme l'illustrent les échanges ci-dessous :

> *Adj.* : De bonnes (relations sexuelles avec les femmes) c'est quand vous voyez une femme et que vous lui dites « je vous aime, j'ai envie de vous (nazali na posa na yo). Je vous aime et j'ai de l'argent, pourrions-nous... »... Si alors elle a besoin d'argent, ou elle aussi a envie de votre corps, alors « on y va ». Nous partons, je sors mon argent, je le lui donne et... ce n'est pas du viol... Aussi, même aujourd'hui, il y a des quantités de femmes. Dans mes bons et mes mauvais jours, si je ressens un besoin physique, alors je fais tout ce que je peux pour trouver 300 FC (0,4 dollars US) pour aller vers celles qui sont dans les rues. Vous allez voir une prostituée [mwasi ya ndumba] et vous lui dites : satisfais mes besoins, ces 300 FC sont tout ce que j'ai, voilà, prenez-les ».
>
> *Maria* : Vous pouvez vous payer une femme pour 300 FC seulement ?
>
> *Adj.* : (en riant) Oui, vous le pouvez.

Comme l'adjudant cité ici, la plupart des soldats, (particulièrement ceux interrogés ces dernières années dans des régions avec de nombreuses condamnations) insistent sur la différence entre payer pour des relations sexuelles et le viol, soulignant que la prostitution n'est pas le viol. Tandis qu'ils estiment que le fait de payer pour le sexe est complètement « normal », et que c'est certainement une manière d'agir et de réaliser les idéaux de masculinité, ils ne parlent jamais du viol de la même manière. Ainsi, alors qu'ils peuvent avoir expliqué ou même excusé le viol, ils ne l'approuvent pas. En se référant aux exemples de viol, presque tous, même ceux qui n'avaient pas participé à une formation, ont commencé ou terminé leur discussion sur le viol en disant « c'est mal », ou « c'est interdit par le Règlement militaire ». En outre, à leur avis, le viol n'est pas lié à une masculinité réussie. Un homme réussi, fêté, expliquent-ils, est un homme qui a les ressources financières et matérielles pour « entretenir/soutenir/payer pour » beaucoup de femmes[21]. Dans les témoignages des soldats, l'homme qui viole est plutôt un *homme émasculé* qui, privé des ressources nécessaires pour réaliser une masculinité hégémonique, est « obligé » à violer.

Ainsi, même si les membres des forces armées n'approuvent pas le viol dans leurs entretiens avec nous, ils présentent néanmoins le viol comme une conséquence pratiquement inévitable pour les hommes privés de sexe, et soi-disant

---

21. Eriksson Baaz & Stern, 2008.

due au manque de moyens financiers[22]. Comme nous l'avons déjà conclu dans le précédent chapitre, c'est l'*idée et l'idéal de la sexualité du masculinité militarisé* sous-jacents à cette déclaration qui devraient être considérés comme contribuant au viol, et non la pauvreté ou la sexualité inhérente au mâle. Par une telle logique, le viol devient « normalisé ». Ainsi, selon cette ligne de pensée, le viol, s'il constitue une mauvaise action, est un exutoire tout à fait « normal » pour un soldat privé de relations sexuelles « normales ».

Un problème clair est que cette attitude s'exprime au niveau du haut commandement. Quoi qu'il en soit, nous avons noté une certaine évolution dans le fait que les chefs interrogés vers la fin de notre projet (en 2008 et en 2009), sont un peu plus prudents dans leurs affirmations. Tout en décrivant le viol comme étant essentiellement une conséquence de la masculinité inhérente au mâle, ils expriment une implication plus forte pour inciter les soldats à maîtriser leur comportement sexuel. Dans les unités militaires interrogées, les politiques d'«autorisation implicite » semblent de plus en plus faire place à des ordres directs de ne pas violer. Cela se répercute également dans les témoignages des soldats : dans les entretiens de 2008 et, en particulier, de 2009, ils répètent souvent ce que leur ont dit leurs supérieurs. Comme l'exprime un ancien soldat Maï-Maï de 18 ans intégré par le processus accéléré de 2009 :

> Nos chefs nous disent que le viol, c'est pour les combats des rebelles (ou le système des combats de rebelles/systeme ya rebellion). Il n'a pas sa place dans l'armée. Ici, c'est passible de sanctions. Dans l'armée, c'est passible de sanctions, des sentences vraiment longues. Mais, bien sûr, il y en a qui le font quand même. Cela varie d'une personne à l'autre. Chaque personne fait à sa manière (muntu na muntu azali na ndenge na ye).

À nouveau, il faut souligner que cet idéal de masculinité militarisée peut être trouvée dans de nombreux autres contextes militaires (sinon tous). Ainsi, il faut le considérer comme faisant partie d'un discours plus général et mondial de la sexualité militarisée, et non comme un caractère spécifique à l'armée congolaise[23].

Sentiments de « masculinité ratée » et viol

Comme il est noté plus haut, les soldats considèrent que les violences sexuelles sont liées à la pauvreté, si elle n'en est pas largement la cause directe. Ils expli-

---

22. Le lien entre le sexe et l'argent est constamment souligné. Un soldat explique : « le sexe et l'argent vont de pair. Pas d'argent, pas de sexe ».
23. Enloe, 2007 ; Higate 2004, 2007.

quent la frustration et la colère causées par leurs piètres conditions de vie (et le sentiment d'abandon et de trahison par la hiérarchie militaire) qui débouche sur la violence, y compris les violences sexuelles. Leurs sens de n'être pas parvenus à atteindre le rôle de « providence masculine » revient souvent dans les entretiens. Pour eux, la virilité (hétérosexuelle) est intimement liée à la providence, pas seulement en argent et en cadeaux pour une amante temporaire, mais pour une famille. Un homme qui ne remplit pas ses obligations est, en quelque sorte, privé de sa masculinité.

On peut supposer raisonnablement que ces sentiments de « masculinité ratée » contribuent aux violences sexuelles, aussi bien à la maison que dans le cadre militaire. La violence, y compris les violences sexuelles, devient une manière d'accomplir et une tentative de regagner la masculinité et le pouvoir. Alors que les sentiments de masculinité ratée sont souvent considérés comme contribuant généralement aux les violences basées sur le genre, ces sentiments deviennent particulièrement dangereux dans les contextes militaires, où règne une célébration générale de la violence. C'est extrêmement saillant dans le contexte conflictuel des relations entre civils et militaires. Il est important de souligner que, dans ce contexte, ces sentiments de « masculinité ratée » ne se manifestent pas seulement dans les violences sexuelles ou les autres violences contre les femmes : le besoin d'accomplir et de regagner le pouvoir (et la masculinité) est certainement aussi exprimé, par exemple, dans les violences envers les hommes civils.[24]

Cependant, comme nous l'avons noté plus haut, il est crucial de souligner que ce n'est pas la pauvreté en elle-même, mais plutôt les idéaux de masculinité, qui, en accordant une position hégémonique et impossible aux modèles de masculinité, constituent le facteur sous-jacent le plus puissant de ces violences.

---

24. Voir Whitworth, 2004

5. La commercialisation du viol

Dans cette section, nous soulignons quelques-uns des inconvénients émergeant d'une concentration unique des violences sexuelles prises séparément et en dehors des autres formes de violence, en particulier la manière dont le viol (ou les allégations de viol) deviennent de plus en plus impliquées dans les stratégies de survie. L'attention énorme accordée aux violences sexuelles en RDC, qui se reflète dans les interventions d'acteurs internationaux variés, fait de la RDC un cas particulièrement favorable dont on peut tirer des leçons sur ce point.

La focalisation spécifique sur les violences sexuelles ne se reflète pas seulement dans l'attention qu'elles ont reçue des « éléments extérieurs » (indiquée par le nombre de reportages, de coupures de presse, d'appels et de documentaires spécifiquement orientés sur la question du viol), mais aussi dans les ressources déversées par diverses organisations et agences internationales qui fournissent des services spécifiques aux survivantes des viols : en particulier les soins médicaux aux fistules ou autres lésions causées par le viol, mais aussi des formations et des facilités de crédit, etc. Alors qu'un bon nombre de ces ressources ont été canalisées à destination des survivantes de viols, la focalisation sur les violences sexuelles (par rapport aux autres violences) se reflète aussi dans les interventions visant la prévention de la violence. Par exemple, alors que la population (en particulier dans les parties de l'est du pays) est informée que les femmes ont le droit de ne pas être violées (par des affiches, des émissions de radio, des banderoles ou d'autres moyens d'information qui préviennent les auteurs potentiels/les spectateurs/les lecteurs des graves conséquences judiciaires), des informations similaires concernant les autres formes de violence brillent par leur absence.

L'attention portée aux violences sexuelles dans l'est de la RDC est, tout simplement, hors de proportion avec l'attention portée aux autres violations des droits de l'homme tout aussi graves (les tueries en masse de villageois, la torture systématique des détenus, etc.). Cela pose problème, car cela signifie que les autres violences ne font pas l'objet d'une attention adéquate, mais aussi parce que les conséquences sont autres : cela contribue à un processus dans lequel des allégations de viol sont et deviennent une stratégie commerciale.

Les accusations de viol en tant que stratégie de tractation/d'extorsion

La « commercialisation du viol » a été évoquée comme un problème en particulier dans nos entretiens avec le personnel militaire, mais aussi dans nos entretiens avec les organisations locales. De nombreux soldats affirment que le viol est devenu un commerce, impliquant aussi bien les familles des victimes supposées « fausses » que les personnels de justice militaire. Un groupe de sergents s'exprime comme suit :

> *Sgt 1* : Mais il faut aussi comprendre une chose. Cela ressemble à un commerce. Y compris vos amis. Regardez les gens de ce village. Oui, ils sont pauvres. Mais nous sommes riches comparés à eux, lorsque nous sommes payés. Lorsque nous sommes payés, 39.000 (FC, environ 45 USD), c'est une grosse somme ici. Regardez-les, ils sont en guenilles ! Ils n'ont rien. Ils peuvent faire n'importe quoi pour de l'argent, pour acheter des pots.
>
> *Sgt 2* : Ou un vélo ou une autre chose dont ils ont besoin. Et lorsque nous recevons notre salaire, ils le savent. Ils ne sont pas stupides. Et eux aussi ils essaient de « manger » (bango balingi pe balia).
>
> *Sgt 1* : Et quand vous avez cet argent dans votre poche, vous allez voir une femme. Vous voulez une femme. Parfois vous avez une petite amie (cherie) dans le village. Ou parfois juste une prostituée (ndumba). Parfois c'est la famille/le père de votre petite amie (ba bokilo), s'il ne sait rien. Si vous n'avez pas encore payé pour elle. Alors il voit cette possibilité. Il vous accuse de la violer pour vous faire payer. Parce que vous aurez peur d'aller en prison. Ils le savent. Alors vous payez. Et si vous n'avez pas d'argent, ils le prennent sur vos salaires à venir.
>
> *Sgt 3* : Ou parfois c'est juste la femme elle-même. Spécialement les prostituées (ndumba). On ne peut pas leur faire confiance ! Vous acceptez de les payer, mais alors elles veulent plus. Et si elles n'obtiennent pas ce qu'elles veulent, elles vous accusent de viol. Vous savez, il y a des gens qui les défendent (les femmes et les civils), les partisans des droits de l'homme et la justice militaire. Et ils mangent, eux aussi (bango bazolia na nsima na biso), je vous le dis. Je ne veux pas accuser vos amis (justice militaire), mais ils mangent, eux aussi.

Tandis qu e ces déclarations doivent surtout être interprétées comme des efforts d'autodéfense, il faut reconnaître que la concentration particulière sur les violences sexuelles au sein du répertoire très large de violations des droits de l'homme par les forces de sécurité de l'État (par exemple, les autres violations physiques, les arrestations et les exécutions arbitraires), se manifeste par une augmentation de la « commercialisation du viol ». Dans les entretiens effectués au début de notre projet de recherche, les soldats invoquaient rarement que des accusations fausses de viol étaient une manière pour l'« accusateur » d'obtenir de l'argent, ou donnaient rarement des exemples de ce type de conduite. À cette époque, ils donnaient parfois des exemples de « femmes libres » (ndumba) qui voulaient plus d'argent que ce dont elles avaient soi-disant convenu et qui contactaient le commandement ou une autre autorité pour réclamer leur argent. Cependant, au cours des dernières années, ces « conflits » ont évolué pour inclure une plus grande proportion d'accusations de viol. Alors que cela reflète peut-être le fait que les affaires antérieures étaient en réalité des viols (plutôt que ce qui semblait être un sexe de survie consensuelle), il faut *également* les interpréter comme un signe certain que la focalisation particulière sur le viol, surtout par les soldats, a contribué à un processus dans lequel les allégations de viol sont perçues comme une stratégie de négociation particulièrement efficace.

Ce problème est également souligné par certaines organisations locales[1]. Selon ces dernières, un problème croissant est que les membres des familles (qui seraient en particulier les hommes) accusent d'autres jeunes hommes, souvent les petits amis de leurs filles, de violer leurs sœurs/leurs filles pour faire payer ces hommes.

Dans le contexte d'une justice corrompue et d'une pauvreté endémique, la concentration sur les violences sexuelles comme un crime *particulièrement grave* permet aux gens de groupes variés, des personnels de justice aux civils pauvres, de voir et d'utiliser des allégations de viol comme stratégie pour gagner de l'argent. Alors qu'il est politiquement difficile de le faire, il est important de reconnaître que non seulement les personnels de la justice militaire, mais aussi les civils, sont déjà impliqués de temps à autre dans une telle « commercialisation » et pourraient le devenir encore plus. Étant donné la concentration d'interventions combinée à la pauvreté endémique de la RDC, cela n'est pas surprenant.

Les accusations de viol en tant que moyen d'accès aux services

Un autre problème est plus spécifiquement lié aux relativement énormes ressources que les organisations internationales réservent aux divers services destinés aux survivantes de viols. Le manque de services de santé de base et de ressources pour les femmes qui n'ont pas été violées, auquel s'ajoute la pauvreté généralisée, a créé une situation dans laquelle les femmes et les filles indigentes qui ne sont pas survivantes de viols se présentent parfois comme des victimes

---

1. Cette question a été soulevée par deux organisations, l'une du Sud-Kivu et l'autre de Kinshasa.

de viols pour obtenir l'accès à ces possibilités. Par exemple, les femmes qui ont des fistules liées à un accouchement se présentent parfois comme des survivantes de viols pour avoir accès à la chirurgie et aux autres traitements médicaux[2].

Au contraire de ce qui pourrait être conclu des articles et des rapports sur les viols et les fistules, seule une faible proportion, 0,8 %, des cas de fistules en RDC sont « liées au viol »[3]. Il existe un potentiel de milliers de femmes qui ont besoin d'un traitement causé lors d'accouchements traumatiques[4]. Cependant, en de nombreux lieux, seules les survivantes de violences sexuelles reçoivent un traitement gratuit, alors que d'autres doivent verser des montants élevés dont elles n'ont tout simplement pas les moyens. Dans ce contexte, il est naturel que certaines de ces femmes se présentent comme des victimes de viol.

Toutefois, cette pratique ne se limite pas aux services de santé. Une situation similaire se fait jour en liaison avec les autres services fournis aux survivantes de viols, comme l' assistance judiciaire, l'aide alimentaire, la formation/l'éducation et les facilités de crédit. Selon les organisations locales, ces instances comprennent essentiellement des femmes et des filles qui ont perdu leur famille et, pour cela, n'ont que peu à perdre des stigmates du viol[5]. Cependant, avec l'attention croissante portée aux violences sexuelles et la lutte contre les stigmates et la honte, combinées avec une fréquence élevée de ce type de violences, les stigmates associés au viol ont également décru, facilitant le processus de se présenter comme une survivante de viol dans le but d'accéder aux services. En outre, comme le démontre Utas dans les cas de la Sierra Leone et du Libéria, la *victimité* (le fait de se présenter comme une victime de viol, ou de violence en général, est une manière pour les femmes et les filles (et aussi pour les hommes et les garçons) de « s'établir eux-mêmes comme des « destinataires légitimes » de l'aide humanitaire »[6].

L'émergence de ces types d'accusations de viol doit être considérée comme un résultat des ressources relativement énormes canalisées par les agences et organisations internationales pour la fourniture de services liés aux violences sexuelles. Quelques représentants d'organisations locales travaillant dans le domaine des droits des femmes ont critiqué la très forte focalisation sur les violences sexuelles, l'attribuant aux intérêts des donateurs. Un grand nombre

---

2. Entretiens avec les responsables des hôpitaux qui traitent les victimes de viols au Sud Kivu.
3. Chiffres présentés par l'UNFPA ; Onsrud et autres, 2008, 265.
4. Thomsen, 2009.
5. Entretiens avec les responsables des organisations locales qui soutiennent les victimes de viols au Sud-Kivu.
6. Utas, 2005a, p. 7.

soulignent que les violences sexuelles ne sont qu'un aspect des violences contre les femmes en RDC, mais notent qu'il est très difficile d'obtenir des fonds pour les projets traitant d'autres formes de violence[7]. Comme l'exprime un représentant d'une organisation qui fournit une assistance judiciaire aux survivantes de violences sexuelles :

> Il y a tant d'aspects différents de (la violence contre les femmes). Il existe la violence domestique, qui est un très grand problème que nous n'avons pas encore commencé à traiter. Les droits des femmes sont violés à une échelle massive dans ce pays. Un autre grand problème, si vous parlez aux femmes du village, est aussi celui de toutes les questions d'héritage et de droits de propriété. Mais il existe aussi certains… problèmes de différences de vues entre nous et les donateurs. Ils sont surtout intéressés par les violences sexuelles seulement, en particulier les manières dont elles sont utilisées comme une arme de guerre et tout cela. Et elles le sont. Mais les violences sexuelles sont également commises par des civils et dans nos propres maisons. Toutefois, il est difficile d'obtenir de l'argent pour d'autres projets. Donc il y a une certaine différence de vues entre nous et les donateurs. Mais si on discute trop, et que l'on tente d'obtenir d'autres choses qu'ils ne jugent pas importantes, on risque de perdre le financement [rire]. Alors on évite de trop discuter avec eux.

Le fait de reconnaître la commercialisation du viol, y compris l'implication des processus de justice concernant les violences sexuelles *n'implique pas une minimisation du problème des violences sexuelles et de la souffrance de leurs survivants*. Qui plus est, nous n'avons pas pour but de discréditer les gens qui y sont impliqués. Le problème réside plutôt dans les caractéristiques des interventions.

---

7. Pour une critique intéressante et pertinente des programmes pour les violences sexuelles et le « tourisme des violences sexuelles » vus dans la perspective des organisations locales de femmes, voir par exemple Geoffrey York, « Gaspillage des fonds anti-viol au Congo, critiques » dans The Globe and Mail, 14 mars 2010 (http://www.the-globeandmail.com/news/world/an i-rape-funds-in-congo-wasted-critics/article 1500360/).

6. Conclusions et recommandations

Conclusions

L'un des enseignements principaux appris de la RDC est le danger d'une focalisation unique sur les violences sexuelles. Alors que d'autres types de violence et d'infractions : exécutions, tortures, arrestations arbitraires, travaux forcés, etc. existent en échelle massive en RDC, ce sont les violences *sexuelles* qui ont attiré l'attention mondiale. Cela entraîne plusieurs conséquences problématiques :

- *Un large répertoire de violences ne reçoit pas l'attention adéquate ;*
- *Notre compréhension de la relation entre les violences sexuelles et les autres violences, et, en fin de compte, de la violence plus généralement, est entravée* ; les violences sexuelles ne peuvent être ni comprises, ni efficacement combattues si elles sont approchées et étudiées en isolation. Il faut les voir dans un contexte où des violations graves des droits de l'homme se produisent quotidiennement.
- Enfin, la RDC montre que la concentration unique sur les violences sexuelles parmi le large répertoire des violations des droits de l'homme par les forces de sécurité de l'État risque d'alimenter la *commercialisation du viol*, par laquelle le viol (ou les allégations de viol) deviennent de plus en plus mêlées aux stratégies de survie. Dans un contexte de justice corrompue, de pauvreté généralisée et d'affaiblissement des stigmates associés au viol, la concentration sur les violences sexuelles comme un crime *particulièrement sérieux* semble s'associer de plus en plus aux accusations de viol comme stratégie lucrative. En outre, les abondantes ressources réservées par les organisations internationales pour divers services destinés aux survivants de viols, combinées avec la pauvreté endémique, génèrent une situation dans laquelle les femmes indigentes non survivantes de viols se présentent comme des victimes de viols dans le but d'accéder aux services basales.

Dans ce rapport, nous avons également démontré la complexité de la violence, y compris les violences sexuelles, et souligné les dangers potentiels des tentatives de réduction des violences sexuelles et autres violences commises contre des civils par des hommes en uniforme à une « arme de guerre ».

- Tandis que la conceptualisation du viol comme une arme/une stratégie de guerre a été indispensable pour rompre avec la vue du viol comme un résul-

La complexité de la violence

tat tragique mais inévitable de la guerre, elle a également entraîné de nombreux problèmes. Une « explication » singulière et simplifiée des viols liés à la guerre éclipse les autres formes de violence et brouille les autres facteurs contribuant aux violences sexuelles de conflit et de post-conflit.

- Comme nous l'avons montré dans ce rapport, alors que les violences sexuelles ou autres sont souvent utilisées pour humilier et intimider, cette humiliation et cette intimidation sont *beaucoup moins stratégiques et beaucoup plus complexes qu'une stratégie de combat vers d'autres victoires militaires/politiques*.

- Les violences sexuelles, comme toutes les violences, commises par les personnels du secteur de la sécurité, doivent être comprises en relation avec plusieurs autres facteurs traités dans le présent rapport : les conduites apprises, les processus d'intégration militaire (ratés), les relations hostiles entre civils et militaires, les idées militarisées de la masculinité, les expériences de marginalisation et les besoins (imaginaires) de raffermir le pouvoir et l'autorité. En fait, le discours sur l'arme de guerre pose problème car *il masque les manières dont cette violence est une manifestation de l'échec des processus d'intégration militaire et d'autres formes de dysfonctionnement institutionnel*. En se référant aux violences sexuelles comme à une « stratégie de guerre », les contextes institutionnels apparaissent comme « normaux »/fonctionnels. C'est là le problème, car cela produit des interventions mal dirigées, ce qui peut avoir à son tour des effets contre-productifs.

Enfin, ce rapport souligne les dangers inhérents à une compréhension limitée de genre qui regroupe le genre et les sexes et ignore ainsi les nombreuses manières dans lesquelles les violences générées par la guerre affectent aussi les hommes et les garçons. Alors que les femmes et les filles sont indubitablement les principales survivantes des viols en RDC, comme ailleurs, les hommes et les garçons sont également les victimes de violences sexuelles dans les diverses manières démontrées par ce rapport. En outre, les hommes et les garçons ont tendance à être plus exposés aux autres violences, comme le recrutement forcé, l'exécution, les arrestations arbitraires et la torture. Comme un grand nombre de ces infractions a pour victimes des hommes et des garçons (spécialement le recrutement forcé) en leur qualité d'hommes/de garçons, il faut reconnaître que cette violence est également basé sur le genre. L'invisibilité actuelle des hommes et des garçons en tant que survivants de la violence pose problème pour plusieurs raisons :

- *On néglige les droits et les besoins légitimes des hommes et des garçons en tant que survivants de la violence,* y compris les violences sexuelles.

- *On entrave la lutte de long terme contre la violence envers les femmes en renforçant les inégalités de pouvoir existantes et les stéréotypes du genre.* Les stéréotypes du genre qui maintiennent les inégalités de pouvoir reposent souvent sur une conceptualisation de la masculinité comme incarnant le pouvoir et le contrôle (y compris la capacité de l'homme à défendre non seulement sa famille, mais aussi lui-même, en particulier contre les assauts physiques), en contraste avec la féminité, qui est associée à la faiblesse et la victimité. Ces stéréotypes ont été fortement reproduits dans les reportages sur la violence en RDC. Alors que les femmes et les filles sont stigmatisées et victimisées, les hommes apparaissent dans une position de pouvoir, comme auteurs ou comme ceux qui rejettent « leur » femme violée. Ainsi, les hommes et les garçons restent, dans les rapports, intacts et non souillés par la victimité, les stigmates et la honte des violences sexuelles. Ce type de représentation, en plus de son inexactitude, ne peut qu'entraver la lutte de long terme contre la violence envers les femmes.

- Enfin, ce qui est important, *le fait de ne pas reconnaître les droits et les besoins des hommes et des garçons impliqués dans des expériences violentes se manifestera certainement dans une continuation et une perpétuation des cycles de violence.* Les anciens combattants (aussi bien ceux qui sont démobilisés que ceux qui sont intégrés dans l'armée et la police, ou comme les gens en général) qui ont vécu des traumatismes et des humiliations en subissant les violences eux-mêmes, ou qui ont été forcés ou encouragés à infliger des violences à d'autres, ont tendance à être plus enclins, dans le court terme et sans mesures appropriées, à perpétrer de nouveaux actes de violence.

Recommandations

1) Les violences sexuelles doivent être traitées comme une partie intégrante, et non séparées des autres violences commises par les forces de sécurité de l'État

- Une approche plus large des violations des droits de l'homme commise par les forces de sécurité de l'État est nécessaire, puisque les violences sexuelles sont essentiellement un symptôme des mêmes échecs et problèmes institutionnels que d'autres violations des droits de l'homme commises par les forces nationales de sécurité. Elle est également nécessaire, dans le but de diminuer le risque de l'augmentation de la commercialisation du viol. Le fait de concentrer et de canaliser les ressources spécifiquement pour les violences sexuelles, que ce soit en termes de prévention, d'accès à la justice ou de services aux survivants, contribue au fait que les allégations de viol deviennent de plus en plus imprégnées de stratégies de survie. Cela ne peut avoir que des consé-

quences négatives : cela banalise les violences sexuelles et contribue à un climat dans lequel beaucoup de femmes violées sont de plus en plus mises en question et discréditées.
- En termes de services, il existe un besoin de *diriger plus de ressources pour fournir l'accès à des services complets de santé sexuelle et reproductive pour toutes les femmes*, et pas seulement les survivantes de viols. Pour contribuer plus avant à une situation dans laquelle les femmes se sentent forcées de se présenter comme des survivantes de viols dans le but d'accéder aux services, ce qui n'est pas seulement contreproductif, mais contre la déontologie.
- En termes d'accès à la justice et à la prévention, les efforts doivent être dirigés vers l'*information et la facilitation de l'accès à la justice pour tous les survivants de violences commises par les personnels de services de sécurité*. Cela doit être effectué par un soutien complet au système judiciaire, mais aussi par des approches communautaires des chefs de la sécurité.

2) Lancer une réforme complète du secteur de la sécurité visant un changement de système

- Seule une *approche complète*, qui traite les causes profondes du problème, a le potentiel de réduire de manière significative les violations des droits de l'homme. Trop peu d'efforts sont actuellement dirigés sur une telle réforme complète. Par exemple, les efforts qui identifient la formation sur les droits de l'homme comme un vide décisive et se concentrent uniquement sur la fourniture de cette formation frisent l'absurdité dans le présent contexte. Comme le démontrent clairement les entretiens avec les soldats, le problème principal n'est pas qu'ils ne comprennent pas que le viol est un crime, ou qu'ils vivent dans un vide moral.
- Instaurer des *mécanismes de contrôle des personnels ayant un lourd passé de violations des droits de l'homme est essentiel*. Le fait de garder des personnels ayant un lourd passé de violation des droits de l'homme, spécialement à des niveaux de haut commandement, augmente la probabilité de la poursuite de la violence, et transmet un message qui sape les standards et les valeurs véhiculés dans la formation militaire. Cependant, les mécanismes de contrôle doivent également être instaurés pour les *commandants supérieurs qui ne répondent pas aux qualifications de base*. Comme le note le rapport, l'intégration militaire a été caractérisée par une politique généreuse d'inclusion et d'attribution de grades (sans rapport avec les compétences et le mérite). Ce n'est pas seulement un obstacle à la professionnalisation accrue de l'armée, cela engendre des conflits, de l'indiscipline et des chaînes paral-

lèles de commande. Ainsi, l'harmonisation du grade selon les compétences et le mérite, y compris l'exclusion ou de formation pour des éléments qui ne satisfont pas les exigences de base, est essentielle.
- La poursuite du soutien à la création d'une *justice militaire efficace* est cruciale. Comme le démontre ce rapport, le progrès (quoique limité) en termes de nombres de condamnations semble avoir produit un changement d'attitude au sein du personnel du secteur de la sécurité.
- La continuation des efforts de *restructuration du barème de salaires pour assurer une rémunération ponctuelle et adéquate et limiter les possibilités de détournement des fonds*. Quelles que soient les conséquences positives en termes de réduction des abus, les soldats *ont droit* à des salaires suffisants et réguliers (comme les autres employés de l'État). La réforme du barème des salaires et le paiement régulier et adéquat doivent donc rester une priorité. Cependant, étant donnée la normalisation des revenus hors de la légalité afférents au poste, les efforts d'améliorer aussi bien le niveau que la régularité des salaires *ne suffiront pas* à réduire les violences liées aux activités lucratives. D'autres mesures pour la condamnation des abus et l'encouragement d'un professionnalisme élevé de manière durable sont importantes.
- *Lancer des mesures positives pour encourager un commandement efficace et un haut degré de professionnalisme du personnel du secteur de la sécurité.* Les mesures positives pour produire l'esprit d'équipe et la fierté du travail sont essentielles dans un contexte où il n'y a que peu de satisfaction ou de fierté et de hauts niveaux de mécontentement et de frustration liés au détournement systématique des fonds et aux fraudes des supérieurs militaires. De telles mesures pourraient comprendre un renforcement positif, comme de fournir aux unités qui témoignent d'une conduite professionnelle des activités lucratives pour les familles de soldats et des possibilités d'instruction pour les enfants de soldats.

3) Des mesures spéciales pour améliorer les relations entre civils et militaires

Comme le démontre ce rapport, *des relations hostiles entre civils et militaires* sont une raison importante de la violence contre les civils, y compris les violences sexuelles. La longue histoire des infractions des personnels militaires, combinée au statut faible des forces armées et au manque de propagande nationaliste qui mobilise le soutien populaire derrière elles, a créé une image extrêmement négative du personnel militaire parmi les civils. Le manque de respect que les soldats subissent aboutit à ce qui est décrit comme un besoin de rétablir l'autorité et de punir de diverses manières, y compris le viol.

- Cela suggère le rôle important de *renforcer l'influence de la société civile dans le processus de réforme militaire. Cela désigne aussi l'importance de renforcer la volonté et la capacité des commandements militaires et leur capacité pour engager un dialogue avec des populations locales* dans leurs zones de déploiement. Comme il est démontré dans le rapport, les relations actuelles entre civils et militaires dans les zones de déploiement semblent dépendre de l'implication des chefs pour lancer une communication et un dialogue avec la population.

4) Reconnaître les garçons et les hommes comme victimes de violences, y compris des violences sexuelles

Comme nous l'avons invoqué plus haut, il est nécessaire de souligner et de gérer les droits et besoins légitimes des survivants mâles des violences sexuelles en RDC. Qui plus est, une telle reconnaissance est cruciale en tant que mesure préventive.

- Donner une meilleure priorité à la question des victimes de violences sexuelles de sexe masculin dans l'agenda des discussions concernant la réhabilitation et la compensation. Comment les besoins de survivants masculins peuvent-ils être satisfaits, aussi bien sur le plan légal que par la fourniture de services de réinsertion ?
- Consacrer plus d'efforts et de ressources à traiter les besoins des enfants-soldats et des jeunes combattants au sein des programmes de désarmement, de démobilisation et de réintégration. Il est raisonnable de supposer que les niveaux croissants de violences sexuelles commises par des civils ces dernières années peuvent être attribués en partie à une augmentation du nombre des combattants démobilisés (dont un bon nombre ont été recrutés lorsqu'ils étaient mineurs) réintégrés dans des communautés sans réintégration adéquate. Cependant, il est également nécessaire d'examiner de quelle manière il faut traiter les besoins particuliers des nombreux anciens combattants, enfants et jeunes, intégrés maintenant dans les forces de sécurité de l'État.

Références

African Rights, 1995, *Rwanda. Not So Innocent: When Women Become Killers.* London: African Rights.

Amnesty International, 2004, *Lives Blown Apart: Crimes Against Women in Times of Conflict.* London: Amnesty International Publications.

—, 2007, *Disarmament, Demobilisation and Reintegration (DDR) and the reform of the army.* London: Amnesty International Publications.

—, September 2008, *Democratic Republic of Congo. North Kivu: No end to war on Women and Children.* http://www.amnesty.org/en/library/info/AFR62/005/2008/en

Baines, Erin K., 2009, "Complex political perpetrators: reflections on Dominic Ongwen", in *Journal of Modern African Studies* 47:163–91.

Boshoff, H., 2005, *Summary of Overview of Security Sector Reform Processes in the DRC.* Situation Report. Pretoria : Institute for Security Studies (ISS).

Boshoff, Henri, Hans Hoebeke, and Koen Vlassenroot, November 2008, *Assessing Security Sector Reform and its Impact on the Kivu Provinces. Situation Report.* Pretoria: Institute for Security Studies (ISS).

Braekman, Colette, 1992, *Le Dinosaure, le Zaire de Mobutu.* Paris: Fayard.

Card, Claudia, 1996, "Rape as a Weapon of War", in *Hypathia* 11(4):4–18.

Carlsen, Erika, 2009, "Ra/pe and War in the Democratic Republic of the Congo", *Peace Review* 21(4):474.

Connell, Robert W., 1995, *Masculinities.* Los Angeles: Polity Press.

Coulter, Chris, Miriam Persson and Mats Utas, 2008, *Young Female Fighters in African Wars: Conflict and Its Consequences.* Nordic Africa Institute Policy Dialogue No. 3. Uppsala: The Nordic Africa Institute.

Davis, Laura, February 2009, *Justice-Sensitive Security System Reform in the Democratic Republic of Congo.* IFP Security Cluster. Country Case Study: DCR. The Initiative for Peace Building (IFP).

De Villers, G., 2002, "Introduction", in G. de Villers, B. Jewsiewicki and L. Monnier (eds), *Manières de Vivre: économie de la «débrouille» dans les villes du Congo/Zaïre.* Terveuren/Paris: Institut Africain-CEDAF/L'Harmattan.

DeHerdt, T., 1996, *L'economie informelle au Zaire: (sur)vie et pauvreté dans la période de transition.* Bruxelles: CEDAF and Paris: L'Hartmattan.

Ebenga Jacques and Thierry N'Landu, 2005, "The Congolese National Army: In Search for Identity", in Rupiya, Martin (ed.), *Evolutions and Revolutions: A Contemporary History of Militarism in Southern Africa.* Pretoria: Institute for Security Studies (ISS).

Enloe, Cynthia, 1990, *Bananas, Beaches and Bases: Making Feminist Sense of International Politics.* Berkeley: University of California Press.

—, 1993, *The Morning After: Sexual Politics at the End of the Cold War.* Berkeley: University of California Press.

—, 2007, *Globalization and Militarization: Feminists Make the Link.* New York: Rowman and Littlefield.

Enough Project, Sept 2009, *An Uneasy Alliance in Eastern Congo and its High Cost for Civilians: Operation Kimia II.* http://www.enoughproject.org/publications/Uneasy-Alliance.

—, March 2010, *Between a Rock and a Hard Place: LRA Attacks and Congolese army Abuses in Northeastern Congo.* http://www.enoughproject.org/publications/lra-armyabuses-congo?page=show

Eriksson Baaz, Maria, 2005, *The Paternalism of Partnership: A Postcolonial Reading of Identity in Development Aid.* London and New York: Zed.

Eriksson Baaz, Maria and Maria Stern, 2008, "Making Sense of Violence: Voices of Soldiers in the DRC", in *Journal of Modern African Studies* 46(1):57–86. Second most read JMAS article in 2008. https://journals.cambridge.org/action/mostReadArticle?jid=MOA

—, 2009, "Why do Soldiers Rape? Masculinity, Violence and Sexuality in the Armed Forces in the Congo", in *International Studies Quaterly* 53(2009):495–518.

—, forthcoming, "(Un)Gendering the Subjects of Violence: Dilemmas, Fears, Complicity". Under revision for submission to *Millenium Journal of International Studies,* Sage Publications.

—, forthcoming, ' "Docile Wives and Fearless Fighters: Negotiating Identity among Women Soldiers in the DR Congo". Under revision for submission to *International Journal of Feminist Politics.*

Ertürk, Yakin, 2008, "Promotion and Protection of all Human Rights, Civil, Political, Economic, Social and Cultural, Including the Right to Development". Report of the Special Rapporteur on Violence against Women, its cause and consequences. Advanced Edited Version. Human Rights Council, Seventh session, Agenda Item 3.

Feeley Rebecca and Colin Thomas-Jensen, 2008, *Getting Serious about Ending Conflict and Sexual Violence in Congo* (Strategy Paper) Enough Project. http://www.enoughproject.org/publications/getting-serious-about-ending-conflict-and-sexual-violence-congo (accessed 2010-01-04)

Gettleman, Jeffrey, 2007, "Rape Epidemic Raises Trauma of Congo War", in *New York Times,* 7 October.

Global Witness, July 2009, *Faced With A Gun, What Can You Do? War and the Militarisation of Mining in Eastern Congo.*

Goldstein, Joshua S., 2001, *War and Gender: How Gender Shapes the War System and Vice Versa.* Cambridge: Cambridge University Press.

Gouzou, Jérôme, Maria Eriksson Baaz, and Anna-Maria Olsson, October 2009, *Gender Country Profile: The Democratic Republic of Congo (DRC).* Study commissioned by Sida, Stockholm.

Hendricks, Cheryl and Lauren Hutton, 2008, *The Gender and Security Sector Reform Toolkit.* CAF, OSCE/ODIHR, UN-INSTRAW.

Higate, Paul, 2004, *Gender and Peace Keeping: Case Studies: he DRC and Sierra Leone,* ISS Monograph 91. Pretoria : Institute for Security Studies (ISS).

—, 2007, "Peacekeepers, Masculinities, and Sexual Exploitation", in *Men and Masculinities* 10(1):99–119.

Higate, Paul and John Hopton, 2005, "War Militarism and Masculinities", in Kimmel, Michael, Jeff Hearn and R. W. Connell (eds), *Handbook of Studies on Men and Masculinities.* London: Sage.

Human Rights Watch, 2002, "The War within the War: Sexual Violence against Women and Girls in Eastern Congo". http://www.hrw.org/reports/2002/drc/

—, 2004, "MONUC: A case for Peacekeeping Reform. Testimony of Anneke Wan Woudenberg". http://www.hrw.org/en/news/2005/02/28/monuc-casepeacekeeping-reform

—, 2005, *Seeking Justice: The Prosecution of Sexual Violence in the Congo War*. New York: Human Rights Watch.

—, July 2009, "Soldiers Who rape, Commanders Who Condone: Sexual Violence and Military Reform in the Democratic Republic of Congo". http://www.hrw.org/en/reports/2009/07/16/soldiers-who-rape-commanders-whocondone

—, December 2009, "You will be punished: Attacks on Civilians in Eastern Congo". http://www.hrw.org/sites/default/fi les/reports/drc1209web_1.pdf

Horwood, C., 2007, *The shame of war: sexual violence against women and girls in confl ict*. Malta: OCHA/IRIN.

International Alert-LEAD, 2009, "La femme comme objet d'exploitation socio-économique dans la dynamique des guerres au Sud Kivu", Réseau des Femmes pour un Développement Associatif, Réseau des Femmes pour la Défense des Droits et la Paix 2005–04 available at http://www.grandslacs.net/doc/4051.pdf (accessed April 27 2010).

Lewis, Dustin A., 2009, "Unrecognized Victims: Sexual Violence Against Men in Confl ict Settings Under International Law", *Wisconsin International Law Journal* 27(1):1–49.

MacGaffey, J. and R. Bazenguissa-Ganga, 2000, *Congo-Paris: transnational traders on the margins of the law*. Oxford: ames Currey.

Medecins Sans Frontieres Hong Kong, 2005, "War of Sexual Violence in DRC". http://www.msf.org.hk/public/contents/news?ha5&wc50&hb5&hc5&revision_id57579&item_id5 7578

MONUC, March 2009, *Comprehensive Strateg y on Combating Sexual Violence in the DRC: Executive Summary.* Offi ce of the Senior SV Advisor and Coordinator.

Omanyondo O., M. Bahananga and W. Mamba, 2005, *Women Bodies as a Battle Ground: sexual violence against women and girls during the war in DRC. South Kivu 1996–2003.* Réseau des Femmes pour le Développement Associatif (REDA). Réseau des Femmes pour la Défense des Droits et la Paix. International Alert 2005

Onsrud, Mathias, Solbjørg Sjøveian, Roger Luhiriri and Dennis Mukwege, 2008, 'Sexual violence-related fi stulas in the Democratic Republic of Congo', *International Journal of Gynecolog y and Obstetrics* 103(3):265–269.

Peterson, Spike (2003), *A Critical Rewriting of Global Political Economies: Integrating Reproductive, Productive and Virtual Economies.* London: Routledge.

Pin-Fat, Véronique and Maria Stern, 2005, "The Scripting of Private Jessica Lynch: Biopolitics, Gender and the 'Feminization' of the U.S. Military", *Alternatives* 30(1).

Pole Institute, 2004, "An open wound: the issue of gender-based violence in North Kivu", *Regards Croises Quaterly Magazine Crises* 11, www.pole-institute.org/ documents/regard/11bis.pdf

Pottier, Johan, 2007, "Rights Violations, Rumour and Rhetoric: Making Sense of Cannibalism in Mambasa (D.R. Congo)", in *Journal of the Royal Anthropological Institute* 13(4):82543.

Price, Lisa S., 2001, "Finding the Man in the Soldier-Rapist: Some Refl ections on Comprehension and Accountability", in *Women's Studies International Forum* 24(2):211–27.

Rigobert Minani Bihuzo, S.J., 2008, 17 *Ans de Transition Politique et Perspectives Démocratique en RDC.* Kinshasa: CEPAS/RODHECIC.

Schroeder, Emily, 2005, *A Window of Opportunity in the Democratic Republic of the Congo: Incorporating a Gender Perspective in the Disarmament, Demobilization and Reintegration Process.* South Africa: Institute for Security Studies.

Seifert, Ruth, 1996, "The Second Front: The Logic of Sexual Violence in Wars", in *Women's Studies International Forum* 19(1–2):35–43.

Shepherd, Laura J., 2007, "'Victims, Perpetrators and Actors' Revisited: Exploring the Potential for a Feminist Reconceptualisation of (International) Security and (Gender) Violence", in *British Journal of Politics and International Relations* 9(1):239–56.

Shepherd, Laura, 2007, *Gender, Violence, and Security.* London: Zed books.

Shepherd, Laura, 2010, *Gender Matters in Global Politics.* London: Routledge.

Sivakumaran, Sandesh, 2007, "Sexual Violence Against Men in Armed Confl ict", in *European Journal of International Law* 2007 18(2):253–76.

—, 2008, "Male/Male Rape", in *Why men rape: the use of sexual violence in confl ict.* New York: United Nations Offi ce for the Coordination of Humanitarian Affairs Seminar Series, June.

Skjelsbaek, Inger, 2001, "Sexual Violence and War: Mapping out a Complex Relationship", in *European Journal of International Relations* 7:211–37.

Stanko, Elisabeth A. and Kathy Hobdell, 1993, "Assault on Men: Masculinity and Male Victimization", in *British Journal of Criminology* 33:400–15.

Stern, Maria and Malin Nystrand, 2006, *Gender and Armed Conflict: an overview*. Stockholm: Sida.

Stern, Maria and Marysia Zalewski, 2009, "Feminist Fatigue(s): Reflections on Feminist Fables of Militarization", in *Review of International Studies* 35(3).

Sullivan, David and Atama Noel, January 2010, *Digging In: Recent Developments on Conflict Minerals*. Washington: Enough Project.

Thomas, K., 2007, "Sexual Violence: Weapon of War", in *Forced Migration Review* 27:15–16.

Thomsen, Sarah, 2009, *Assessment of Swedish Support to Health in The Democratic Republic of Congo (DRC)*. Stockholm: InDevelop-IPM.

Tosh, C. and Y. Chazan (eds), 2008, *Special Report: Sexual Violence in the Democratic Republic of Congo*. Netherlands: Institute for War and Peace Reporting.

Trefon, Theodore (ed.), 2005, *Reinventing Order in the Congo. How People Respond to State Failure in Kinshasa*. London: Zed.

—, 2009, "Public Service Provision in a Failed State: Looking Beyond Predation in the Democratic Republic of Congo", in *Review of African Political Economy* 36(119), March:9–21.

York, Geoffrey, 2010, "Anti-rape Funds in Congo Wasted: Critics", in *Globe and Mail*, 14 March 2010. http://www.theglobeandmail.com/news/world/anti-rapefunds-in-congo-wasted-critics/article1500360/

UN Security Council, November 2009, *Final Report of the Group of Experts on the Democratic Republic of the Congo*, S/2009/603.

USAID/DCHA, 2004, *Sexual Terrorism: Rape as a Weapon of War in Eastern Democratic Republic of Congo (Why are Rape and Mutilations Carried out Against Civilians, and Who is Doing It?)* http://www.peacewomen.org/resources/DRC/USAIDDCHADRC.pdf

US Department of State, Diplomacy in Action, 2009, *Human Rights Report: Democratic Republic of the Congo*. Bureau of Democracy, Human Rights and Labour.

Utas, Mats, 2005a, "Victimcy, Girlfriending, Soldiering: Tactic Agency in a Young Woman's Social Navigation of the Liberian War Zone", in *Anthropological Quarterly* 78(2):403–30.

—, 2005b, "Agency of Victims: Young Women's Survival Strategies in the Liberian Civil War", in Honwana, Alcinda and Filip De Boeck, (eds), *Makers and Breakers: Children and Youth in Postcolonial Africa*. Oxford: James Currey.

Vikman, Elisabeth, 2005, "Ancient Origins: Sexual Violence in Warfare, Part I", in *Anthropology and Medicine* 12(1):2–1.

Vink Patrick, et. al, August 2008, *Living with Fear: A Population-Based Survey on Attitudes about Peace, Justice, and Social Reconstruction in Eastern Democratic Republic of Congo*. Human Rights Center, Payson Center, ICTJ.

Weiner, Amir, 2006, "Something to Die For, A Lot to Kill For: The Soviet System and the Barbarisation of Warfare, 1939–1945", in Kassimeris, George (ed.), *The Barbarization of Warfare*. London: Hurst.

www.ingramcontent.com/pod-product-compliance
Ingram Content Group UK Ltd.
Pitfield, Milton Keynes, MK11 3LW, UK
UKHW021304180426
11947UKWH00015B/1006